E SE A ÁFRICA PUDESSE FALAR?

Celso Salles

Celso Salles, filho de Manuel Ferreira Salles e Horaide de Sousa Salles, nascido em 28 de Maio de 1959, na cidade de Itirapina - SP - Brasil, casado com Mírian Amorim Salles em 1988, pai de Leandro Amorim Salles (1994) e Lucas Amorim Salles (2000), formado em Ciências Econômicas - Administração de Empresas, pela ITE - Instituto Toledo de Ensino de Bauru - SP - Brasil. Especializado em Plataformas Digitais e Gestão de Projectos, em sua marioria pertencentes a Área Social, vivendo em Luanda - Angola - África, no ano de 2021 onde escreveu mais este livro da Coleção África.

Com este título emblemático, o autor Celso Salles traz informações que irão lhe ajudar a pensar e a contribuir com esta NOVA ÁFRICA que está a se formar. Novos e importantes paradigmas sendo construídos a partir da própria África, que dificilmente a imprensa faz chegar até você, ou porque não conhece ou porque não tem interesse em compartilhar. A África atrasada e dependente de pensamentos que não lhe ajudam em nada, já está a caminho de um novo e importante futuro, que no médio e longo prazo irá trazer qualidade de vida para todo o seu povo, dentro e fora de África. Ao mudarmos os pensamentos mudamos sua história. A África não só pode, como deve falar. Mas não fala por quê? O que impede a África de falar em uma época em que todos os microfones estão ligados e conectados à rede mundial de computadores?

2021

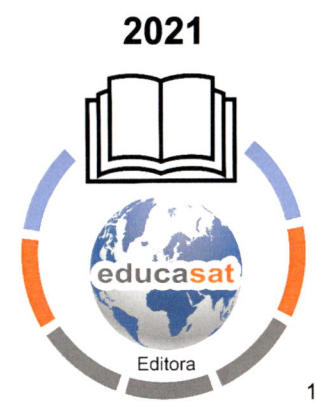

Editora

DEDICATÓRIA

Vitão Ferreira é um ATIVISTA CULTURAL AFRO-BRASILEIRO de imensa importância não somente no mundo do samba como e principalmente no que posso chamar de QUILOMBO AFRO-CULTURAL BRASILEIRO.

Ao criar o já famoso QUINTAL DA XIKA vem possibilitando grandes e importantes oportunidades para velhos e novos artistas do samba no Brasil.

O que Vitão Ferreira jamais sonhou é que o seu QUINTAL da zona leste de São Paulo estaria visitando locais inimagináveis e servindo de exemplo para africanos e afro-descendentes de todo o mundo.

No Brasil, como muito bem diz o sociólogo Tadeu Kaçula, a cultura africana reina e é responsável por milhares de empregos, como também poderá ser visto neste livro.

Sabia que chegaria o livro exato para dedicar a Vitão Ferreira. Neste livro de título emblemático, mas de textos simples e informativos, Vitão Ferreira e o QUINTAL DA XIKA teriam necessariamente que estar presentes.

Um livro que, assim como os demais livros da Coleção África, que vai correr o mundo em cinco idiomas - PORTUGUÊS, INGLÊS, FRANCÊS, ALEMÃO E ITALIANO, será mais um importante divulgador da Cultura Africana e Afro-descendente.

Ao finalizar esta dedicatória segue o grito:

VAI QUINTAL

2

Vitão Ferreira

AGRADECIMENTOS ESPECIAIS

Nos agradecimentos especiais deste livro 10 da Coleção África, gostaria de homenagear o CLUB DOS MÉDICOS DE ANGOLA.

O CLUB DOS MÉDICOS está a levar a cabo voluntariamente em todo o país, uma série de Campanhas. São Campanhas de Promoção e de Prevenção de Saúde e Assistência Médica e Medicamentosa. São gratuitas e direcionadas às populações mais carenciadas, com vista a contribuir para a redução das defunções por Malária, e por outras Endemias. Ações que visam possibilitar acesso das populações aos serviços de Saúde. As Campanhas têm apoio de Organizações como a ONUSIDA, a OMS, e a BELIEVERS

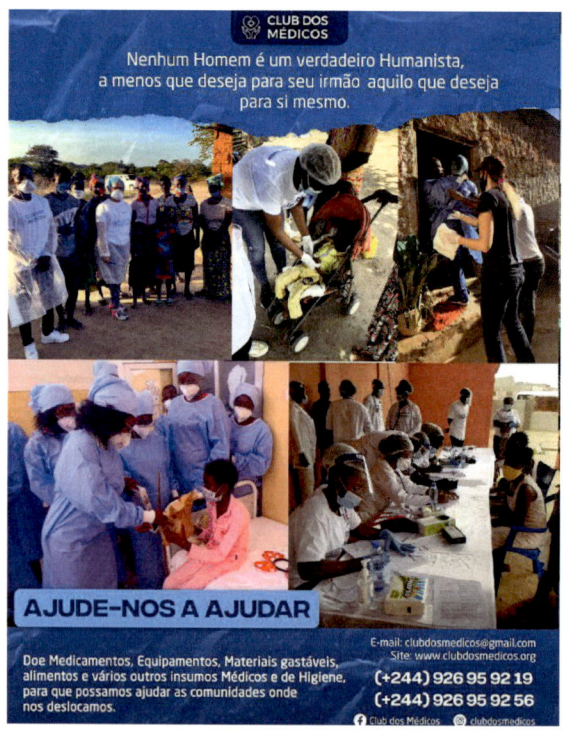

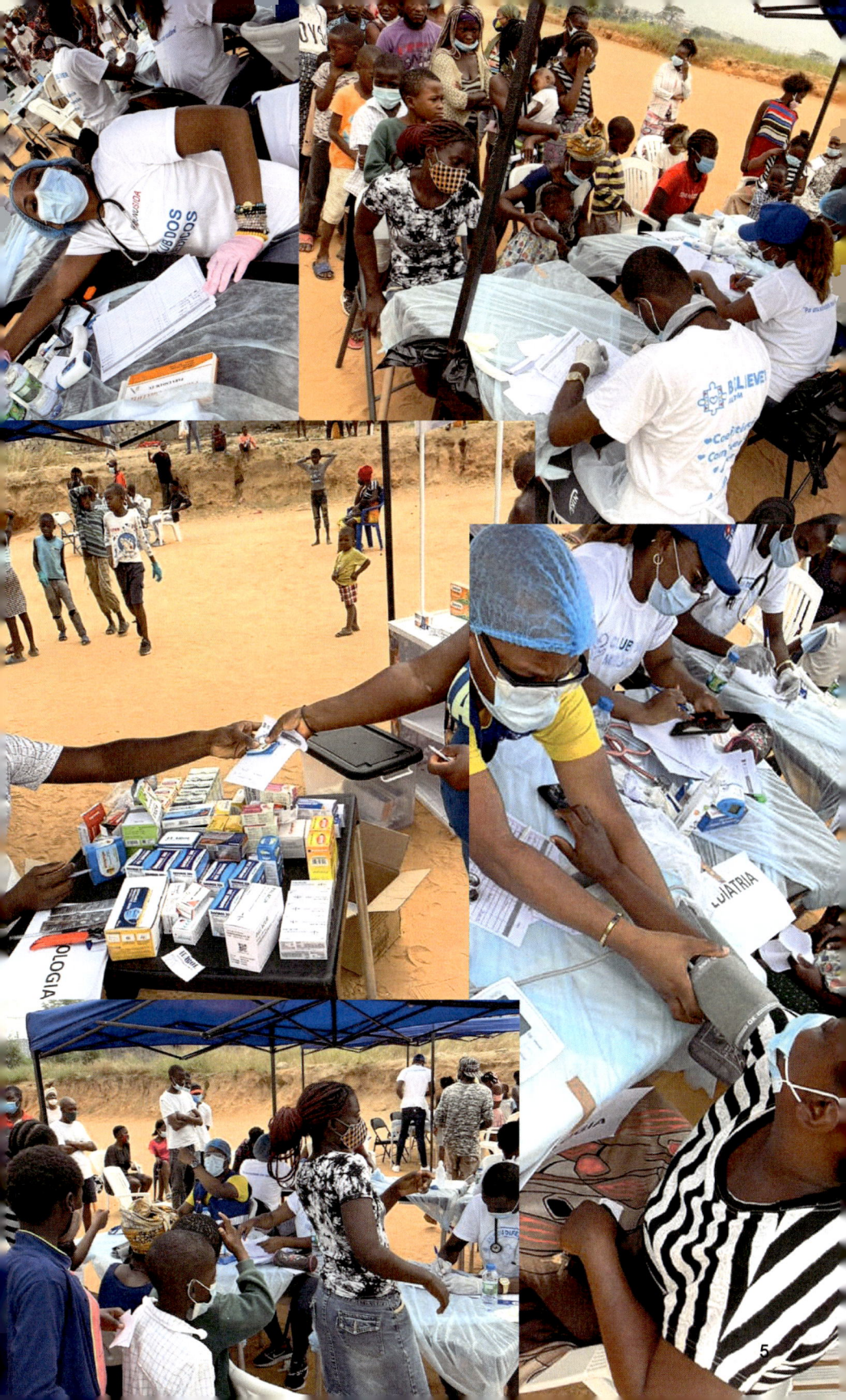

PREFÁCIO

Tenho, desde o ano de 2011, tido a oportunidade de trabalhar com o autor Celso Salles em inúmeros projetos em Angola, na sua maioria ligados à área social. Ao ler esta sua obra "E SE A ÁFRICA PUDESSE FALAR", fiquei muito encantada com a riqueza de detalhes com que Celso Salles trata a "VOZ DA ÁFRICA". Um livro que nos remete a uma reflexão profunda. Afinal a África fala ou não fala? Quando recebi o título do livro confesso que fiquei muito curiosa para entender do que Celso Salles efetivamente estava a falar. Seria África o continente, os africanos, os governos? Afinal a África fala ou não fala? Acredito que você que adquiriu este livro deve estar assim como eu, se perguntando, afinal, o que vou encontrar aqui?

Bom, posso garantir que esse é efetivamente o Celso Salles que conheço, sempre nos fazendo pensar. Sempre nos fazendo meditar sobre nós mesmos. O que estamos efetivamente fazendo de bom para o continente africano. Falamos somente ou fazemos de verdade?

Quando tomei contato com os textos da African Union que muito bem ele coloca neste livro, comecei a ter inúmeras certezas e descobri o que o autor quer na verdade.

Regiane Silva

EITÓPIA

EITÓPIA

Regiane Silva Brasileira, em Angola desde 2010, contribuindo com a sociedade angolana de forma positiva. Formadora em diversas áreas, Consultora e Coach - email. regiane.silva.angola@hotmail.com - contacto +244 936 162 528

Regiane Silva

ANGOLA

ETIÓPIA

BRASIL

7

Coleção África

educasat

Editora

Foto de Fatima Garnacho-Engelke

8

APRESENTAÇÃO

São inúmeros os motivos que acabam calando a África. Um dos principais tem sido o silêncio dos próprios africanos. Falar. Transmitir suas idéias e seus pensamentos. São poucos os que se dispõem a serem os mensageiros de África. O que mais influencia neste silêncio não é o medo, mas sim a preguiça. E é a preguiça que precisa ser combatida à exaustão. Sair da linha do conforto. O próprio motor de pesquisa do Google, tem na palavra escrita digitalmente o seu grande facilitador   de buscas. As tragédias, as guerras e os conflitos são divulgados pelos meios de comunicação de forma rápida e intensa, o que acaba alimentando imagens de pobreza, fome e violência, que aliás tem no mundo inteiro, não só em África. Posso afirmar que o mesmo acontece com os muçulmanos, imensamente pacíficos, porém com uma imagem deteriorada pela divulgação que a imprensa faz de grupos radicais,   conflitos localizados e muitas vezes iniciados pelos donos do poder no mundo que amam o ódio, pois vendem armas, tiram governos e impedem a África de crescer.

O mal de forma geral é muito mais competente em sua auto-divulgação do que o bem. Tudo o que constrói ou provoca crescimento normalmente é silencioso. No ano de 2021 podemos acrescentar a mentira em massa como outra forma nociva de divulgação de mensagens.

De um lado os donos do poder, do outro lado os mentirosos. A pergunta é: O que resta para a África?

De uma coisa tenho certeza, continuar como estamos, não podemos. Nós constatamos que a voz da África, ainda que em pouca quantidade, não é ampliada, mesmo com os microfones ligados e conectados em rede mundial.

Para considerarmos que a África está efetivamente falando, temos que analisar uma série de fatores, a serem trabalhados em uníssono para que novas e importantes ações possam ser feitas, a fim de que a voz da África comece a ser ouvida de forma geral, em todo o mundo.

INTRODUÇÃO

O objetivo deste livro é DESPERTAR. É humanamente impossível colocar a Voz da África em 120 páginas de um livro. Precisaríamos de milhares e milhares de bibliotecas. Sendo assim a nossa ambição é pura e tão somente, abrir os olhos de todos os africanos acerca da grande importância que é um trabalho sinérgico e em equipe, onde muitos possam falar de suas realidades, forças propulsivas e restritivas.

São milhares e milhares de culturas que não podem mais ser confinadas ao exílio como tem sido feito há mais de 4 séculos. O desconhecimento de África é gigantesco. Em várias partes do mundo, incluindo o Brasil, pensa-se que África é um país.

Por quê não se pensa que Europa é um país. Exatamente pela quantidade de informação gerada e compartilhada. Pelos conteúdos programáticos de milhares e milhares de cursos curriculares e não só.

No livro 5 da Coleção África "55 Motivos para Investir em África", demos um passeio pelos 55 países de África exatamente com o foco PROGRESSISTA, que é o que os Blocos do Primeiro Mundo fazem.

Aqui em Angola, onde em 2011 pisei pela primeira vez em território africano, existem inúmeras oportunidades de investimento, com um grande manancial de riquezas, um povo em sua maioria jovem e com enorme potencial de aprendizagem e trabalho.

Assim como em Angola, nos demais 54 países em África as oportunidades são imensas. O que precisamos fazer? Precisamos falar até pelos cotovelos se necessário for, para que esta NOVA ÁFRICA possa emergir ao longo dos anos vindouros.

COMPARTILHAR TUDO O QUE FOR BOM.
MULTIPLICAR OS ACESSOS.

Viu, gostou, é bom? COMPARTILHA. Não guarde para você. Passe para frente. Faça chegar a um número ainda maior de pessoas. Como vou procurar mostrar no restante das páginas deste livro, A ÁFRICA TEM FALADO MUITO, ao contrário do que se imagina. Simplesmente, muito do que é falado de bom em África, sistematicamente acaba não atingindo um grande público ao redor do mundo. E aí entra você. E a aí entro eu. Cada um de nós tem um papel de suma importância nesta divulgação.

Eu próprio tenho tido a oportunidade de desde o ano 2000 desenvolver inúmeras atividades que vieram ao longo dos anos contribuindo e muito para uma maior e melhor percepção de África.

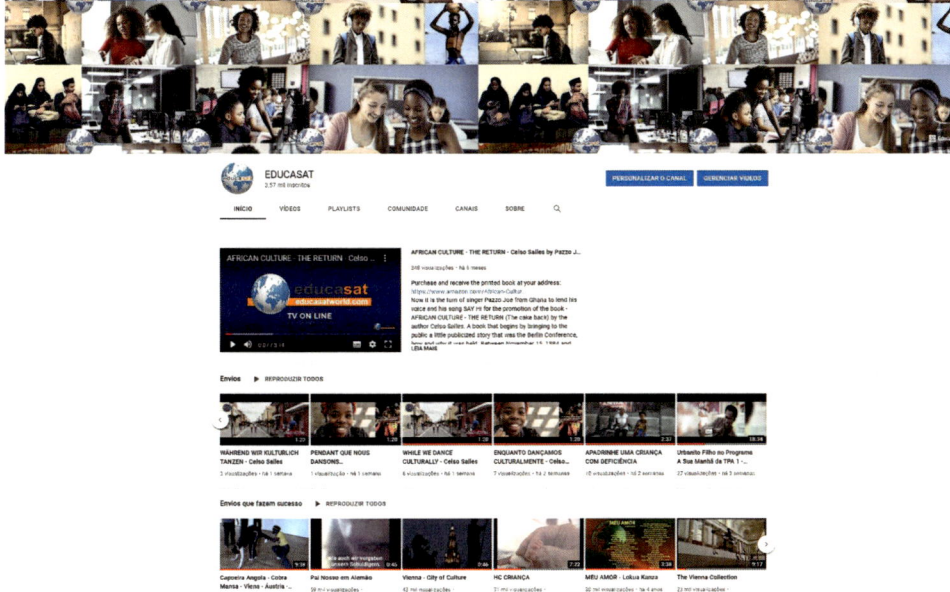

Através do Canal EDUCASAT do Youtube, iniciado em 16 de Junho de 2007, venho trazendo ao mundo milhares de vídeos de África, onde sem nenhuma campanha de captação de seguidores, atingi em 19 de Agosto de 2021 exatas 1.128.451 visualizações. CABE A MIM FAZER A ÁFRICA FALAR. CABE A VOCÊ TAMBÉM.

A ÁFRICA ESTÁ A FALAR

Levers for Building the Africa We Want

Alavancas para construir a África que queremos

12

MAS INFELIZMENTE, VOCÊ PODE NÃO ESTAR A OUVIR.

Leviers pour construire l'Afrique
que nous voulons

Alavancas para construir a África que queremos

Direction de l'information et de la Communication

AUECHO

Magazine Annuel 2021

THÈME DE L'ANNÉE 2021:
Arts, Culture et Patrimonie:
Leviers pour Construire
L'Afrique que Nous Voulons

ENCART
CHARTE DE LA RENAISSANCE
CULTURELLE AFRICAINE

**PLAN D'ACTION DE L'UA POUR
LES INDUSTRIES CULTURELLES
ET CRÉATIVES**

**LE FONDS DE
L'AFRIQUE POUR
LA RIPOSTE À LA
PANDÉMIE DE
COVID-19**

**LE GRAND MUSÉE
D'AFRIQUE**

**ENTRETIEN:
RICHARD OBOH, DIRECTEUR
EXÉCUTIF D'ORANGE VFX**
Les jeunes à l'avant-garde de l'industrie
de l'animation en Afrique

UNIS PAR LA MUSIQUE
Plus forts ensemble et plus forts que le Covid

LA CAMPAGNE #MON NOM EST PERSONNE
Pour chaque enfant, une identité légale ;
Pour chaque enfant, l'accès à la justice

www.au.int

OUÇA A ÁFRICA FALAR

Todo o Planejamento feito pela African Union é da mais alta competência. Atingir a Agenda 2063 em sua totalidade precisa e muito do apoio de todos os países membros e do mundo em geral. Mudar a postura errada de séculos é um imenso desafio que precisa ser iniciado dentro da alma de cada um de nós. Começar a ouvir os clamores de África feitos de forma tão competente e profissional é mais do que tudo, o nosso dever.

A África PRECISA CRESCER E SE DESENVOLVER À PARTIR DE SI PRÓPRIA COM O APOIO DE TODOS NÓS.

Países com imensa riqueza e mão-de-obra jovem não combinam com desemprego, pobreza e fome. Existem erros estruturais que vêm de séculos e que precisamos urgentemente corrigir.

No passado nos apropriamos daquilo que não era nosso. Chegou então o momento de iniciarmos uma grande corrente mundial de apoio a todas e quaisquer iniciativas da African Union.

Nós no restante do mundo estamos em situação privilegiada, porém não podemos nos esquecer que, muito deste privilégio foi conseguido com sangue africano. Como afro-brasileiro, tendo também o sangue europeu correndo em minhas veias, apesar de minha melanina negra, tenho que assumir o lado europeu e RECONHECER dentro deste lado a minha culpa. Mas, não basta reconhecer, temos que tomar medidas sérias para REPARARMOS todo o mal que fizemos ao continente berço.

COM OS OUVIDOS E O CORAÇÃO ABERTOS

Esquecer, ignorar, fazer de conta que não sabemos de nada ou isso não é conosco, são procedimentos que precisamos mudar. Se foram meus antepassados que causaram toda a dor ao continente africano cabe sim a mim e aos meus descendentes provocar mudanças significativas que possibilitem o AVANÇO DO CONTINENTE AFRICANO rumo ao seu pleno e maior desenvolvimento.

Qualquer tipo de SABOTAGEM que possa ser pensada tem que ser imediatamente eliminada. A African Union está fazendo a parte dela. Agora, precisamos enquanto seres humanos, fazermos a nossa parte.

Na minha forma de ver as coisas, a nossa humanidade atual precisa e muito do que tenho chamado nos livros anteriores de ALMA AFRICANA. Com a ALMA AFRICANA equilibramos a nossa existência enquanto seres humanos.

Desde o ano de 2011 quando pisei pela primeira vez em África, tenho podido sentir, presencialmente no continente africano, muito do que já perdemos como seres humanos nos demais locais do mundo.

Ficamos frios, consumistas, amargos, tristes, repletos de ódio e colocamos o dinheiro como a única fonte de felicidade. E é por aí que vem a corrupção e as grandes desigualdades.

Temos vivido como se o capital financeiro fosse um deus. E para boa parte da humanidade o é. Porém para aqueles que têm uma visão mais apurada, vêm nitidamente o caminho de amarguras pelo qual caminhamos enquanto humanidade. Um verdadeiro desequilíbrio, homem, Deus e natureza.

O que mais perdemos em nossas civilizações ocidentalizadas é o que posso chamar de NÚCLEO FAMILIAR, tão presente e visível em África, que por uma bênção divina ainda o mantém em suas raízes e culturas. Um desenvolvimento africano, sem a perda de suas tradições, costumes e cultura é fundamental. Temos que africanizar o ocidente ao invés de ocidentalizar a África.

pesquisa, extraídos da Plataforma Digital da African Union, por entender ser a GRANDE PORTA VOZ do Continente Africano. Paralelamente colocarei alguns pontos de vistas que considero de fundamental importância. As imagens africanas em destaque, pertencem à Revista Anual da African Union, cujo download pode fazer utilizando o BAR CODE em inglês ou francês nas páginas 12 e 13 deste livro.

au.info

Uma África integrada, próspera e pacífica, impulsionada pelos seus próprios cidadãos e que representa uma força dinâmica na arena global.

An integrated, prosperous and peaceful Africa, driven by its own citizens and representing a dynamic force in the global arena.

African Union

18

frican Union Headquarters
J. Box 3243, Roosvelt Street W21K19, Addis Ababa, Ethiopia
l: +251 (0) 11 551 77 00 Fax: +251 (0) 11 551 78 44

www.twitter.com/_AfricanUnion
www.facebook.com/AfricanUnionCommission

Visa Free Africa

A Aspiração 2 da Agenda 2063 prevê "Um continente integrado, politicamente unido e baseado nos ideais do Pan-africanismo e na visão do Renascimento de África" e a Aspiração 5 prevê "Uma África com uma forte identidade cultural, património comum, valores e ética partilhados"

Para alcançar essas aspirações de os africanos se verem como um povo unido sob os ideais do pan-africanismo, **as barreiras físicas e invisíveis que impediram a integração dos povos africanos precisam ser removidas.**

O projeto emblemático da Agenda 2063, o **Passaporte Africano e a Livre Circulação de Pessoas**, visa remover as restrições à capacidade dos africanos de viajar, trabalhar e viver no seu próprio continente. A iniciativa visa transformar as leis da África, que permanecem geralmente restritivas ao movimento de pessoas, apesar dos compromissos políticos para derrubar as fronteiras com o objetivo de promover a emissão de vistos pelos Estados Membros para melhorar a livre circulação de todos os cidadãos africanos em todos os países africanos.

Espera-se que a livre circulação de pessoas na África ofereça vários benefícios importantes, incluindo:

- Estimular o comércio intra-africano, o comércio e o turismo;

- Facilitar a mobilidade laboral, conhecimento intra-africano e transferência de habilidades;

- Promoção da identidade pan-africana, integração social e turismo;

- Melhorar a infraestrutura transfronteiriça e o desenvolvimento compartilhado;

- Promover uma abordagem abrangente à gestão de fronteiras;

- Promoção do estado de direito, direitos humanos e saúde pública.

O Departamento de Assuntos Políticos lidera os esforços de integração da African Union no que diz respeito à capacidade dos africanos de viver e trabalhar no continente e trabalhar com os Estados membros para identificar oportunidades para remover as barreiras à circulação de africanos em África.

Eu em particular amo a ideia de um passaporte africano e o livre trânsito dos africanos em África, como acontece no continente europeu por exemplo.

Gostaria muito de estar vivo para ver isto acontecer. Seria quase que retornar no tempo e sentir o que nossas gerações mais recentes não puderam sentir: UMA SÓ ÁFRICA.

Para que um determinado país possa crescer é necessário que todas as pessoas, o povo em geral, priorize o país ao invés de suas próprias prioridades. Todos ou a maioria assim fazendo, o país evolui, sem medo de errar.

A mesma coisa acontece com um Continente. Todos os países pensando no continente, ele irá crescer e se desenvolver.

Podemos então pensar:

1º - Desenvolvimento Pessoal;

2º - Desenvolvimento Coletivo Nacional;

3º - Desenvolvimento Coletivo Continental.

A base para estes desenvolvimentos é a EDUCAÇÃO. Exatamente por isso a Agenda é 2063, não é 2023, nem 2033. Há que se considerar toda uma série de realizações dentro do composto proposto pela Agenda 2063, para que este dia tão sonhado possa chegar.

Estando no continente africano, no momento em que escrevo este Livro 10 da Coleção África, sinto que mesmo a African Union ainda não é conhecida da grande massa, quanto mais a Agenda 2063 ou mesmo esse maravilhoso Programa **Visa Free Africa**.

Basicamente todas as ações que visam significativas mudanças, que vão contra interesses particulares de pessoas, nações ou continentes, nunca são evidenciadas.

No entanto, é MARAVILHOSO IMAGINAR O CONTINENTE AFRICANO com esta nova performance. Dinamiza-se absolutamente tudo em África. Essa NOVA ÁFRICA 2063 beneficia a economia do continente, de forma saudável e perene. Todos os setores da economia são incentivados. A quantidade de investidores em todo o mundo com prioridade África também irá aumentar vertiginosamente.

Voltando ao plano do PENSAMENTO, temos que eliminar a ideia de que "quando um ganha o outro perde". Podemos pensar muito diferente, tal como "quando um ganha o outro ganha mais ainda". O maior desenvolvimento de África irá criar novos e importantes mercados de consumo. Todo mundo quer ter um iPhone de última geração, porém o seu preço restringe muitos usuários. Se eu melhorar as condições dos usuários, vou alimentar novos e importantes mercados, que vão aquecer várias indústrias em todo o mundo, principalmente estando estas indústrias baseadas no continente africano. PARE - PENSE - REFLITA.

African Union

ARTS, CULTURE AND HERITAGE:
Levers for Building the Africa we Want

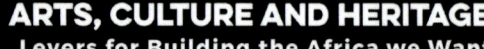

#AfricanHeritage

www.au.int 𝕏 𝐟 ▶

Migração, Trabalho e Emprego

Ao longo da sua história, a África experimentou movimentos migratórios, tanto voluntários como forçados, que contribuíram para o seu panorama demográfico contemporâneo. Em muitas partes do continente, as comunidades estão espalhadas por dois ou três Estados-nação e o movimento muitas vezes não é limitado por fronteiras políticas. A migração na África deve-se a uma multiplicidade de fatores que incluem a necessidade de melhores condições socioeconômicas por meio do emprego, fatores ambientais, bem como alívio da instabilidade política, conflitos e lutas civis. A África também está testemunhando mudanças nos padrões de migração refletidos na feminização da migração; um aumento no número de jovens em trânsito e um aumento nos fluxos migratórios irregulares, que incluem o tráfico de pessoas e o contrabando de migrantes.

A integração económica é um caminho chave para o desenvolvimento e exige mobilidade laboral e outras formas de envolvimento económico que requerem a circulação de pessoas e a African Union acredita que, se gerida de uma forma coerente e se os principais fatores que causam a migração no continente forem abordados, as nações e as regiões podem colher os benefícios das ligações entre migração e desenvolvimento, à medida que o continente se empenha em alcançar os ideais da Agenda 2063.

O Quadro de Política de Migração da African Union para África MPFA é um dos quadros continentais que foi desenvolvido para permitir que a África gerencie melhor e se beneficie da migração planejada, fornecendo orientações estratégicas para os Estados Membros e CERs na gestão da migração através da formulação e implementação de suas próprias políticas nacionais e regionais de migração de acordo com suas prioridades e recursos. O MPFA fornece diretrizes em várias áreas-chave, incluindo:

Governança da migração
Migração de trabalho e educação
Envolvimento da Diáspora
Governança de Fronteiras;
Migração irregular;
Deslocamento forçado;
Migração Interna;
Migração e Comércio;
O Departamento de Assuntos Sociais promove o trabalho da UA na área de migração, trabalho e emprego e o Departamento de Assuntos Políticos está a trabalhar com os estados membros para implementar o Protocolo da UA sobre a Livre Circulação de Pessoas, Direitos de Residência e Direito de Estabelecimento.

Tenho tido a oportunidade de observar que não faltam talentos no território africano. Ao meu ver, a maior dificuldade atual é a GESTÃO DESTES TALENTOS. Neste período em que me encontro em território angolano tenho tido a oportunidade de ficar em vários bairros de Luanda, capital de Angola. Um dos que tenho aprendido muito e gosto muito de ficar é no bairro chamado Mártires de Kifangondo, onde a maioria dos residentes são oriundos dos países da Costa Ocidental da África, nomeadamente, Gâmbia, Senegal, Costa do Marfim, Gana, Mali, Togo, entre outros. Neste bairro de maioria muçulmana sou muito bem tratado por jovens, adultos e principalmente pelas crianças. Me chamam de BRAZUCA. Sinto a alegria e a honra que eles sentem em ter um BRAZUCA (Brasileiro) no bairro onde são maioria. Resido próximo de uma grande Mesquita dos Senegaleses.

Angola, principalmente, acolhe muito bem os demais povos de África que aqui residem e eles contribuem em muito no comércio e serviços em geral. Bem próximo fica outro bairro muito importante onde a maioria é Congolês. Quando se tem um problema em um telefone por exemplo, não importa a marca, é lá que se resolve.

Quando cheguei por aqui eles já estavam. São pacíficos, ordeiros e muito amorosos. Muito diferente da imagem estereotipada vendida pela imprensa ocidental.

No fundo eles sentem que estão em casa. E verdadeiramente estão em casa. Mesmo eu que nasci do outro lado do oceano, me sinto em casa. A imprensa se ocupa em mostrar casos isolados de xenofobia, o que passa a idéia de que este tópico migração, trabalho e emprego é algo impossível. Na verdade posso afirmar que ele já existe e em boa parte do território africano a concórdia e a paz entre povos de países diferentes é real. O povo africano se ajuda muito e se respeita.

Diáspora e envolvimento da sociedade civil

A Direcção de Organizações de Cidadãos e Diáspora (CIDO) é responsável pela implementação da visão da União Africana de uma organização orientada para as pessoas e baseada numa parceria entre governos, sociedade civil e diásporas. A direção consiste na sociedade civil e nas divisões da diáspora.

A divisão da sociedade civil é responsável por integrar o envolvimento da sociedade civil nos processos, departamentos e órgãos da African Union. Dentro da área de migração e desenvolvimento, a CIDO, através da divisão da diáspora, está sendo construída uma **família africana global**, garantindo a participação da diáspora africana na agenda de integração e desenvolvimento do continente.

O Artigo 3 do Protocolo sobre Emendas ao Acto Constitutivo da União Africana reconhece o importante papel que a Diáspora Africana tem a desempenhar no desenvolvimento do continente e declara que a **União irá "convidar e encorajar a plena participação da Diáspora Africana como um parte importante do nosso continente, na construção da African Union. "**

"A Diáspora Africana é constituída por povos de origem africana que vivem fora do continente, independentemente da sua cidadania e nacionalidade e que estão dispostos a contribuir para o desenvolvimento do continente e a construção da African Union."

Áreas de Resultado da CIDO

A CIDO contribui diretamente para dez áreas de resultados dentro da estrutura da Agenda 2063:

- Desenvolvimento de estruturas para resolução de conflitos por meio do diálogo inter-religioso;
- O projeto de legado do corpo de voluntários da diáspora africana;
- Projeto de legado de mercado global de diáspora africana;
- Projeto de legado de fundo de investimento da diáspora africana;
- Envolvimento da diáspora africana nas atividades da União Africana;
- Encyclopaedia Africana;
- Captura de dados de estudo e mapeamento da Diáspora Africana;
- Estratégias de parceria intercontinental;
- Plataforma inter-religiosa intercontinental;
- Folha de dados

Informações de contato:
Site: www.au.int/cido
Email: cido@africa-union.org
Facebook e Twitter: @AUC_CIDO
Podcast: AU em movimento

Este importante tópico da AFRICAN UNION é fundamental para a aceleração do crescimento do continente africano.

Como afro-brasileiro, o país com maior população afro-descendente fora do território africano, com cerca de 114 milhões de habitantes, aproximadamente 60% da população brasileira, sei da importância do meu papel e das ações que culminaram dos 12 livros da Coleção África.

Quem tiver o privilégio de ler todos os livros da Coleção África, do autor Celso Salles, verá que o foco é todo ele visando o futuro próspero do continente africano.

No livro A NOVA ÁFRICA BRASILEIRA acabei falando da NOVA ÁFRICA NORTE AMERICANA, INGLESA, FRANCESA, BELGA E BRITÂNICA, pois acredito que com essa FAMÍLIA AFRICANA

GLOBAL, poderemos acelerar muitos dos tópicos previstos na Agenda 2063.

Os pessimistas quando acessam a Agenda 2063, acabam imaginando um tempo ainda maior para conseguirmos os objetivos da Agenda. Eu, em particular, como quero estar vivo e contemplar esta NONA MARAVILHA DO MUNDO sou muito otimista e vejo que, com a FAMÍLIA AFRICANA GLOBAL poderemos antecipar a Agenda, Porque não AGENDA 2043?

Na verdade tudo está em nossas mãos. O poder de mudança é nosso.

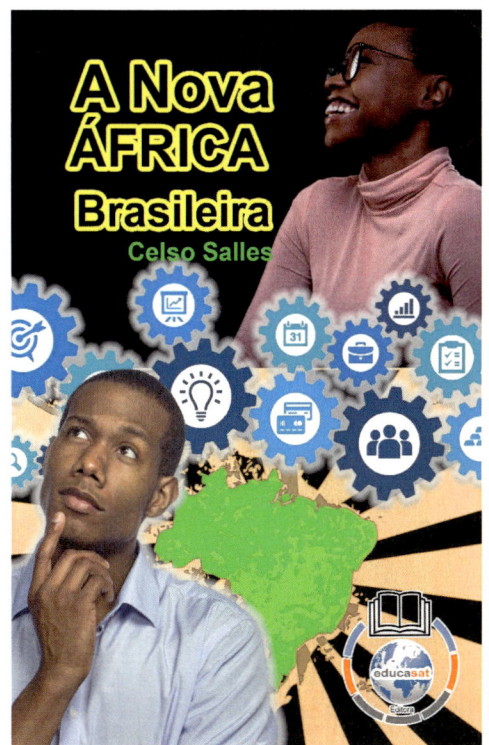

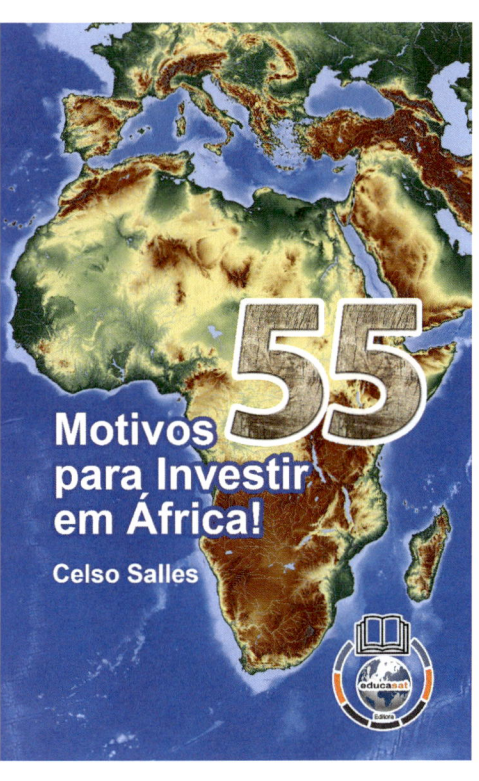

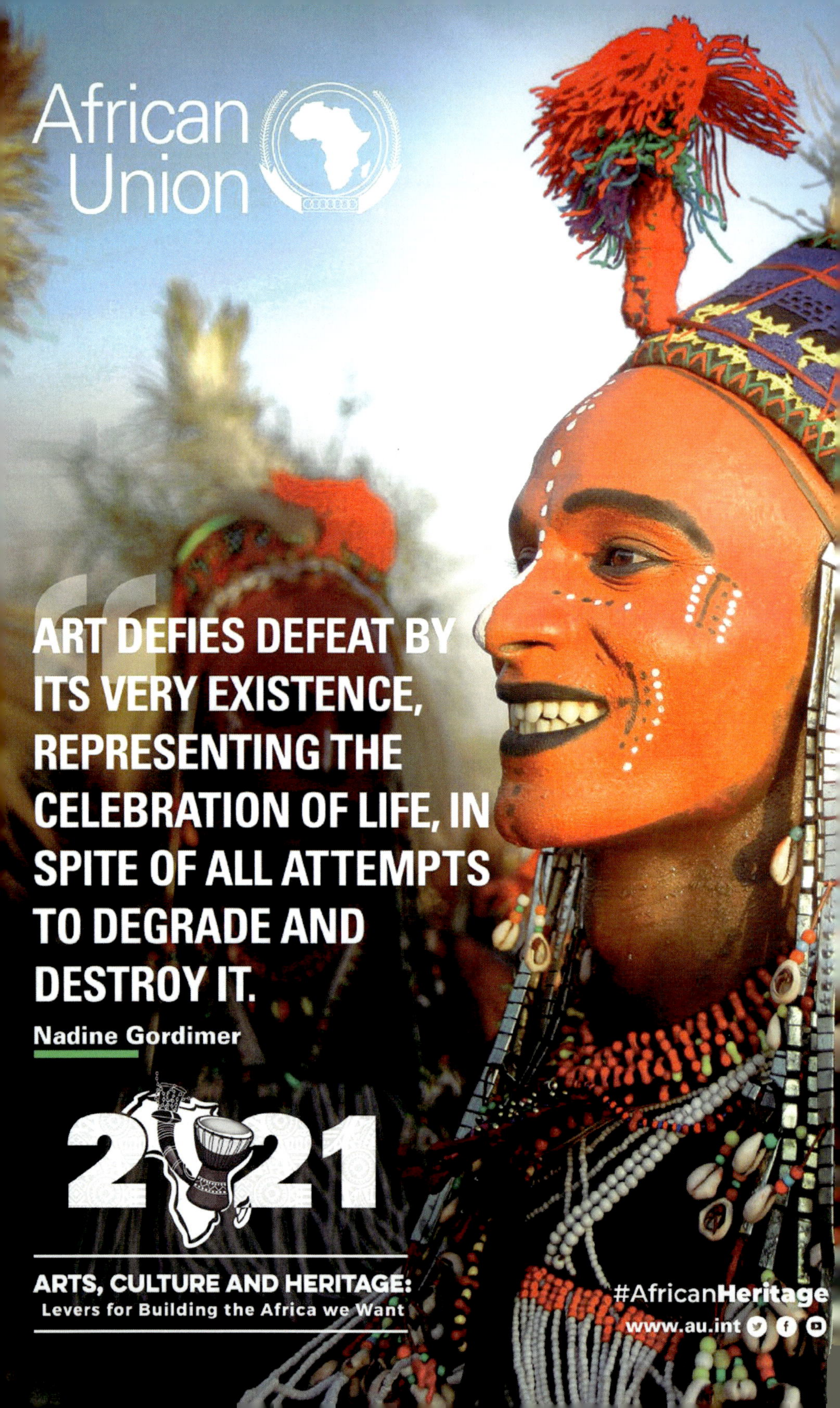

African Union

> **ART DEFIES DEFEAT BY ITS VERY EXISTENCE, REPRESENTING THE CELEBRATION OF LIFE, IN SPITE OF ALL ATTEMPTS TO DEGRADE AND DESTROY IT.**

Nadine Gordimer

2021

ARTS, CULTURE AND HERITAGE:
Levers for Building the Africa we Want

#AfricanHeritage
www.au.int

Democracia, Lei e Direitos Humanos

A Agenda 2063 prevê um continente no qual exista uma cultura universal de boa governação, valores democráticos, igualdade de género e respeito pelos direitos humanos, justiça e Estado de direito. A African Union trabalha com os estados membros para desenvolver e implementar políticas que visam construir instituições fortes e bem governadas e promulgar leis que irão garantir que os cidadãos africanos estão totalmente engajados e envolvidos na formulação de políticas e iniciativas de desenvolvimento e que estes cidadãos tenham ambientes seguros e protegidos em qual viver.

A African Union assegurou a implementação de vários tratados e políticas para garantir a boa governação, bem como a proteção das liberdades civis e a preservação dos direitos dos cidadãos africanos. Os tratados da African Union sobre os direitos das pessoas incluem a Carta Africana dos Direitos e Bem-estar da Criança, Carta Africana dos Direitos do Homem e dos Povos, Protocolo à Carta Africana dos Direitos do Homem e dos Povos sobre os Direitos das Mulheres em África, Juventude Africana Carta e Convenção da União Africana para a Proteção e Assistência às Pessoas Deslocadas Internamente em África.

Os órgãos judiciais, de direitos humanos e jurídicos da African Union foram estabelecidos para apoiar a implementação da boa governação e respeito pelos direitos humanos no continente. Incluem a Comissão Africana dos Direitos Humanos e dos Povos (ACHPR), Tribunal Africano dos Direitos Humanos e dos Povos (AfCHPR), Comissão da UA sobre Direito Internacional (AUCIL), Conselho Consultivo da UA sobre a Corrupção (AUABC) e o Comité Africano de Peritos sobre os direitos e o bem-estar da criança (ACERWC)

O Departamento de Assuntos Políticos é responsável por promover, facilitar, coordenar e encorajar os princípios democráticos e o Estado de Direito, o respeito pelos direitos humanos, a participação da sociedade civil no processo de desenvolvimento do continente e a obtenção de soluções duradouras para enfrentar as crises humanitárias. O departamento também coordena a implementação da Arquitetura de Governança Africana, bem como a implementação de soluções sustentáveis para crises humanitárias e políticas, incluindo diplomacia preventiva.

MERCADO ÚNICO DE TRANSPORTE AÉREO AFRICANO

DEPARTAMENTO DE ASSUNTOS POLÍTICOS

Ao ler estas informações você consegue ter uma noção exata do quanto o continente africano tem evoluído nos últimos anos e o quanto irá evoluir, principalmente no que concerne à qualidade técnica de seus governantes.

Como já se pode perceber, a África tem falado muito e quem tiver a visão de ouvi-la, com certeza poderá realizar inúmeras parcerias. A famosa fala A ÁFRICA É O CONTINENTE DO FUTURO muito divulgada, pode ser alterada para A ÁFRICA É O CONTINENTE DO PRESENTE E DO FUTURO.

E mais importante, A ÁFRICA DOS AFRICANOS e não uma África que eu possa entender que é para o meu futuro. É para o futuro de toda a humanidade, porém sempre tendo em mente que a ÁFRICA É DOS AFRICANOS.

Todas as políticas internacionais que visualizarem esta nova performance serão muito bem vindas e terão sim uma forte reverberação do continente.

Aquelas que ainda se mantiverem no escopo de dominação ou de usurpação com certeza serão eliminadas, pois o trabalho em BLOCO não aceita este tipo de comportamento. Isoladamente qualquer país em qualquer lugar do mundo tem muitas fragilidades, porém no BLOCO AFRICAN UNION as fraquezas individuais são substituídas pela força do CONJUNTO PENSANTE E ATUANTE.

Como escritor tenho que manter o foco de ANUNCIAR, PREVER e como investigador tenho que alimentar cada vez mais a minha própria visão para que A VOZ DA ÁFRICA possa ser amplificada corretamente de todas as formas possíveis e imagináveis.

Ao ler este livro procure evoluir em suas pesquisas e visões. Não fique refém da imprensa internacional que, muitas vezes financiada por interesses, insiste na divulgação de verdades únicas que já não correspondem aos quadros vigentes e futuros.

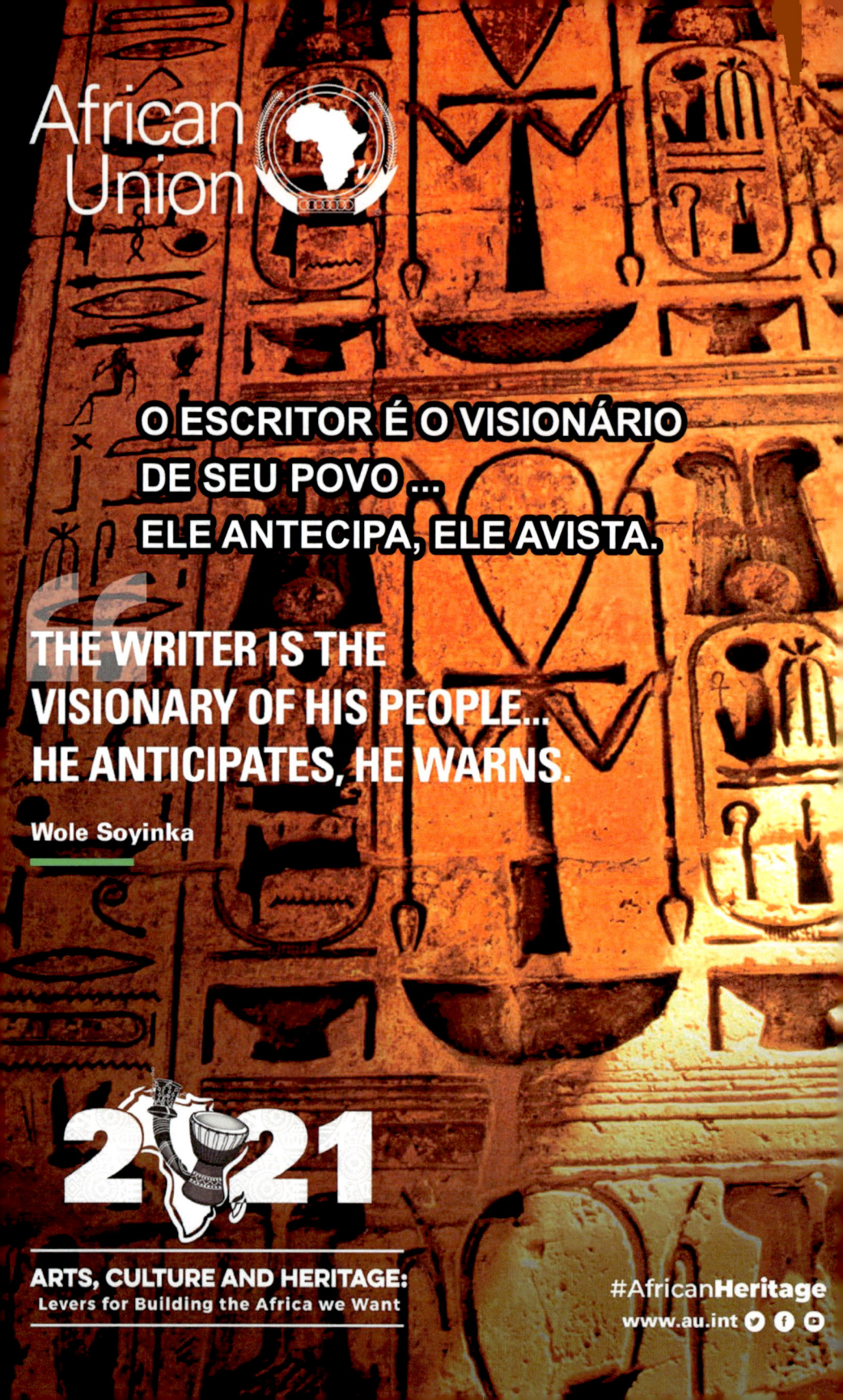

Educação, Ciência e Tecnologia

A realização da Aspiração 1 da Agenda 2063 para "Uma África próspera baseada no crescimento inclusivo e desenvolvimento sustentável" exige que a África faça investimentos significativos na educação com o objetivo de desenvolver o capital humano e social através de uma revolução na educação e nas habilidades, enfatizando a inovação, ciência e tecnologia.

A Estratégia de Educação Continental da African Union para África (CESA) visa reorientar os sistemas de educação e formação de África para cumprir os conhecimentos, competências, aptidões, inovação e criatividade necessários para nutrir os valores fundamentais africanos e promover o desenvolvimento sustentável a nível nacional, sub-regional e continental. Os principais objetivos do CESA são:

- Revitalizar a profissão docente para garantir qualidade e relevância em todos os níveis;
- Expandir o acesso à educação de qualidade construindo, reabilitando e preservando a infraestrutura educacional e desenvolvendo políticas que garantam um ambiente de aprendizagem permanente, saudável e propício em todos os subsetores;
- Aproveitar a capacidade das TIC para melhorar o acesso, a qualidade e a gestão dos sistemas de educação e treinamento;
- Garantir a aquisição dos conhecimentos e habilidades necessários, bem como taxas de conclusão melhoradas em todos os níveis e grupos por meio de processos de harmonização em todos os níveis para integração nacional e regional;
- Acelerar os processos que levam à paridade e equidade de gênero;
- Lançar campanhas de alfabetização abrangentes e eficazes em todo o continente para erradicar o analfabetismo;

- Fortalecer os currículos de ciências e matemática e disseminar o conhecimento científico e a cultura da ciência na sociedade africana;
- Expandir as oportunidades de TVET nos níveis secundário e terciário e fortalecer os vínculos entre o mundo do trabalho e os sistemas de educação e treinamento;
- Revitalizar e expandir o ensino superior, pesquisa e inovação para enfrentar os desafios continentais e promover a competitividade global;
- Promover a educação para a paz e a prevenção e resolução de conflitos em todos os níveis de educação e para todas as faixas etárias;
- Construir e aprimorar a capacidade de coleta, gestão, análise, comunicação de dados e melhorar a gestão do sistema educacional, bem como a ferramenta estatística, por meio da capacitação para coleta, gestão, análise, comunicação e uso de dados;
- Formar uma coalizão de todas as partes interessadas em educação para facilitar e apoiar as iniciativas decorrentes da implementação do CESA.

A Estratégia de Ciência, Tecnologia e Inovação da African Union para a África (STISA) coloca a ciência, tecnologia e inovação no epicentro do desenvolvimento e crescimento socioeconômico da África e enfatiza o impacto que as ciências podem ter em setores críticos como agricultura, energia, meio ambiente, saúde , desenvolvimento de infraestrutura, mineração, segurança e água, entre outros. A estratégia prevê uma África cuja transformação é liderada pela inovação e que criará uma economia baseada no conhecimento. STISA está ancorado em seis (6) áreas prioritárias, a saber:

1 - Erradicação da fome e conquista da segurança alimentar;
2 - Prevenção e controle de doenças;
3 - Comunicação (mobilidade física e intelectual);
4- Proteção do nosso espaço;
5 - Vivendo juntos em paz e harmonia para construir a sociedade;
6 - Criação de riqueza.

A estratégia STISA define ainda quatro pilares que se reforçam mutuamente e que são condições prévias para o seu sucesso, nomeadamente: construção e / ou modernização de infraestruturas de investigação; aumento das competências profissionais e técnicas; promoção do empreendedorismo e inovação; e proporcionar um ambiente propício para o desenvolvimento da Ciência, Tecnologia e Inovação (CTI) no continente africano.

A Estratégia Continental de TVET fornece uma estrutura abrangente para a formulação e desenvolvimento de políticas e estratégias nacionais para enfrentar os desafios da educação e da formação técnica e profissional para apoiar o desenvolvimento econômico, a criação de riqueza nacional e contribuir para a redução da pobreza por meio do empreendedorismo jovem, inovação e emprego .

A African Union também está a trabalhar com os estados membros para construir o ensino superior e a investigação em África, o que é desafiado pelo baixo nível de oportunidades de formação de pós-graduação e resultados de investigação. O projeto Agenda 2063 para a Universidade Virtual Africana e E-University visa usar programas baseados em TIC para aumentar o acesso à educação superior e contínua na África, alcançando um grande número de estudantes e profissionais em vários locais simultaneamente. Tem como objetivo desenvolver recursos abertos, à distância e eLearning (ODeL) relevantes e de alta qualidade para oferecer aos alunos acesso garantido à Universidade de qualquer lugar do mundo e a qualquer hora.

A Universidade Pan-Africana (PAU) é a primeira universidade estabelecida pela União Africana e foi estabelecida para servir de padrão para todas as outras universidades na África. A missão da PAU é fortalecer o ensino superior africano e a pesquisa, abordar a qualidade da educação, a colaboração intra-africana, a inovação e estabelecer ligações com a indústria e o setor social. PAU concentra-se em cinco áreas temáticas: - Ciências Básicas, Tecnologia e Inovação; Ciências da Vida e da Terra (incluindo Saúde e Agricultura), Governança, Ciências Humanas e Sociais; Energia e Ciências da Água (incluindo Mudanças Climáticas); e Ciências Espaciais. As áreas temáticas são atribuídas a institutos sediados por universidades de excelência existentes nas regiões geográficas de África da seguinte forma:

1) África Oriental: Instituto PAU de Ciências Básicas, Tecnologia e Inovação (PAUSTI) na Universidade Jomo Kenyatta de Agricultura e Tecnologia, Nairobi, Quênia;
2) Norte da África: Instituto PAU para Ciências da Água e Energia (incluindo Mudanças Climáticas) (PAUWES) na Universidade AbouBekrBelkaid de Tlemcen, Argélia;
3) África Ocidental: Instituto de Ciências da Terra e da Vida da PAU (incluindo Saúde e Agricultura) (PAULESI) na Universidade de Ibadan, Nigéria;
4) África Central: Instituto PAU de Governança, Humanidades e Ciências Sociais (PAUGHSS) na Universidade de Yaoundé II e na Universidade de Buea, Camarões. Os campos de estudo de Governança e Integração Regional são ministrados no campus da Universidade de Yaounde II-Soa, e os programas de Tradução e Interpretação são ministrados na Universidade de Buea.

O Esquema de Mobilidade Académica em África é uma iniciativa levada a cabo pela CUA em colaboração com a Agência Executiva da Comissão Europeia que facilita a mobilidade de estudantes e pessoal académico para reforçar o reconhecimento das qualificações e a cooperação entre instituições de ensino superior de diferentes países e regiões do continente. Concede bolsas de estudos parciais (de curto prazo) e completos de mestrado, bem como programas de doutorado.

O espaço exterior é de importância crítica para o desenvolvimento da África em todos os campos: agricultura, gestão de desastres, sensoriamento remoto, previsão do clima, bancos e finanças, bem como defesa e segurança. O acesso da África a produtos de tecnologia espacial não é mais uma questão de luxo e é necessário acelerar o acesso a essas tecnologias e produtos. Novos desenvolvimentos em tecnologias de satélite tornam-nas acessíveis aos países africanos e políticas e estratégias apropriadas são necessárias para desenvolver um mercado regional para produtos espaciais na África. A Estratégia do Espaço Exterior da África da Agenda 2063 é o projeto prioritário da African Union que visa fortalecer o uso do espaço exterior pela África para impulsionar o seu desenvolvimento.

O Departamento de Recursos Humanos, Ciência e Tecnologia promove o trabalho da African Union na área de educação e desenvolvimento de CTI. O departamento também coordena bolsas de estudos e estudos científicos da African Union, incluindo Bolsa Nyerere e Programa de Mobilidade Acadêmica, Prêmios Científicos Kwame Nkrumah, bem como supervisiona o trabalho de instituições especializadas da African Union, incluindo o Centro Internacional da African Union para Meninas e Educação de Mulheres na África (AU / CIEFFA), a Universidade Pan-Africana (PAU) e o Instituto Pan-Africano de Educação para o Desenvolvimento (IPED).

Como já tivemos a oportunidade de mencionar no Livro ENQUANTO DANÇAMOS CULTURALMENTE, a Ciência foi colocada dentro do TOP 10 das prioridades no Mundo Africano.

UM POVO SEM CIÊNCIA É UM POVO SEM FUTURO.

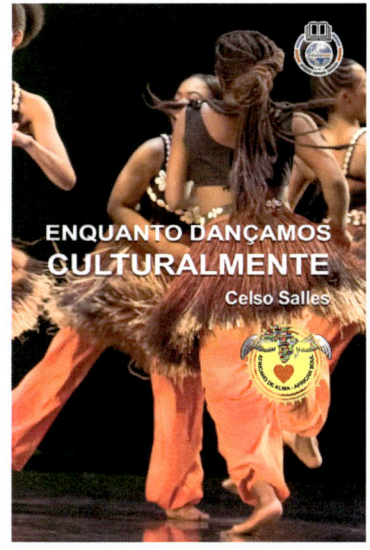

African Union

É O CONTADOR DE HISTÓRIAS
QUE FAZ DE NÓS O QUE SOMOS,
QUEM CRIA HISTÓRIA.
O CONTADOR DE HISTÓRIAS CRIA
A MEMÓRIA QUE
OS SOBREVIVENTES DEVEM TER
- CASO CONTRÁRIO, SUA
SOBREVIVÊNCIA
NÃO TERIA SIGNIFICADO.

IT IS THE STORYTELLER WHO MAKES US WHAT WE ARE, WHO CREATES HISTORY. THE STORYTELLER CREATES THE MEMORY THAT THE SURVIVORS MUST HAVE - OTHERWISE THEIR SURVIVING WOULD HAVE NO MEANING.

Chinua Achebe

ARTS, CULTURE AND HERITAGE:
Levers for Building the Africa we Want

#AfricanHeritage
www.au.int

Desenvolvimento de infraestrutura e energia

A Agenda 2063 enfatiza a necessidade de integração como uma das principais bases para garantir que África alcance os seus objectivos de crescimento e desenvolvimento inclusivos e sustentáveis. A aspiração 2 da Agenda 2063 coloca importância na necessidade de África desenvolver infraestruturas de classe mundial que cruzem a África e que irão melhorar a conectividade através de iniciativas mais novas e mais ousadas para ligar o continente por via ferroviária, rodoviária, marítima e aérea; e desenvolver power pools regionais e continentais, bem como TIC.

A African Union também trabalha para implementar os quadros continentais da Agenda 2063 para a promoção do desenvolvimento de infraestruturas, como o Programa para o Desenvolvimento de Infraestruturas em África (PIDA), que fornece um quadro comum para as partes interessadas africanas para construir a infraestrutura necessária para um transporte mais integrado, energia, TIC e transporte. redes de água de fronteira para impulsionar o comércio, estimular o crescimento e criar empregos.

Os principais projetos emblemáticos da Agenda 2063 que conduzem os esforços da African Union nas áreas de energia e desenvolvimento de infraestruturas são:

- A Rede Integrada de Trem de Alta Velocidade, que visa conectar todas as capitais e centros comerciais africanos por meio de uma Rede de Trem de Alta Velocidade da África;
- A Implementação do Projeto da Grande Barragem de Inga, que visa transformar a África de fontes tradicionais em modernas de energia e garantir o acesso de todos os africanos a eletricidade limpa e acessível por meio do desenvolvimento da Barragem de Inga;
- O estabelecimento de um Mercado Único de Transporte Aéreo Africano (SAATM), que visa garantir a conectividade intra-regional entre as capitais da África e criar um mercado único de transporte aéreo unificado na África, como um impulso para a integração econômica do continente e

agenda de crescimento;

- A Pan-African E-Network que visa promover e-aplicações e serviços transformadores em África, especialmente a infra-estrutura terrestre de banda larga intra-africana; e cibersegurança, tornando a revolução da informação a base para a prestação de serviços nas indústrias de bio e nanotecnologia e, em última instância, transformar a África em uma e-sociedade;

- Segurança cibernética que visa promover o uso seguro de tecnologias emergentes, bem como garantir que essas tecnologias sejam usadas para o benefício de indivíduos, instituições ou estados-nação africanos, garantindo a proteção de dados e segurança online.

Com a evolução do cenário digital, a African Union embarcou em uma missão para garantir que as TIC desempenhem seu papel no desenvolvimento da África, por meio da criação da própria identidade online da África, levando ao lançamento de DotAfrica (.africa), que é o domínio geográfico de primeiro nível (gTLD) para o povo e o continente africano. Este nome de gTLD oferece a indivíduos, governos, empresas e outros a oportunidade de associar seus produtos, serviços e informações ao continente e ao povo da África.

O Departamento de Infra-estruturas e Energia da CUA lidera a implementação destes programas emblemáticos da Agenda 2063, bem como as actividades da African Union destinadas a promover, coordenar, implementar e monitorizar programas e políticas de desenvolvimento de infra-estruturas, transportes, energia, tecnologia da informação e comunicação (TIC) bem como os serviços postais.

Quando o assunto é INFRAESTRUTURA E ENERGIA, o continente africano oferece um verdadeiro manancial de oportunidades. Nos 4 vídeos a seguir em idioma inglês, poderá ter acesso a importantes informações, utilizando-se do sistema de tradução instantânea do Youtube.

Assista todos os vídeos e veja O QUANTO A ÁFRICA JÁ ESTÁ A FALAR.

Infraestrutura e energia

Mercado Único de Transporte Aéreo Africano

Estratégia Africana de Commodities

Área de comércio livre do continente africano (AfCFTA)

African Union

A MÚSICA NA ÁFRICA CONTÉM FREQUENTEMENTE MENSAGENS. NUNCA É MÚSICA PELA MÚSICA OU APENAS PARA ENTRETENIMENTO. SEMPRE É UM VEÍCULO PARA O SOCIAL: CONEXÕES, DISCUSSÕES E IDEIAS.

"MUSIC IN AFRICA OFTEN CONTAINS MESSAGES. MUSIC IN SENEGAL, AND AFRICA, IS NEVER MUSIC FOR MUSIC'S SAKE OR SOLELY FOR ENTERTAINMENT. IT'S ALWAYS A VEHICLE FOR SOCIAL CONNECTIONS, DISCUSSIONS AND IDEAS.

Youssour N'Dour

ARTS, CULTURE AND HERITAGE:
Levers for Building the Africa we Want

#AfricanHeritage
www.au.int 🐦 📘 ▶️

44

Desenvolvimento agrícola

Para que África alcance a aspiração da Agenda 2063 para "Uma África próspera baseada no crescimento inclusivo e desenvolvimento sustentável" (Aspiração 1), o continente precisa de investir na agricultura moderna para aumentar a proatividade e produção, bem como explorar o vasto potencial do azul / oceano de África economia. Além disso, é necessário tomar medidas para abordar as questões das mudanças climáticas e outros fatores ambientais que representam um grande risco para o setor agrícola.

O Programa Abrangente de Desenvolvimento Agrícola Africano (CAADP) é um dos quadros continentais da Agenda 2063 e visa ajudar os países africanos a eliminar a fome e reduzir a pobreza, aumentando o crescimento económico através do desenvolvimento liderado pela agricultura, bem como promovendo o aumento da provisão do orçamento nacional para a agricultura setor. Através do CAADP, espera-se que os governos africanos aumentem o nível de investimento na agricultura, alocando pelo menos 10% dos orçamentos nacionais para a agricultura e desenvolvimento rural, e alcancem taxas de crescimento agrícola de pelo menos 6% ao ano. O CAADP também define metas para reduzir a pobreza e a desnutrição, para aumentar a produtividade e os rendimentos agrícolas e para melhorar a sustentabilidade da produção agrícola e do uso dos recursos naturais. Através do CAADP, a African Union defende que os estados membros coloquem ênfase na propriedade africana e na liderança africana para definir a agenda agrícola e o palco para a mudança agrícola.

A African Union também está liderando a implementação de iniciativas que irão construir a resiliência das comunidades e ecossistemas nas terras áridas da África, combatendo a degradação da terra, desertificação, perda de biodiversidade e mudanças climáticas através da promoção da Gestão e Restauração Sustentável da Terra. Sob a iniciativa da Grande Muralha Verde (GGW), a African Union está implementando ações para acabar ou reverter a degradação da terra, perda de biodiversidade nas terras áridas africanas e para garantir que os ecossistemas sejam resilientes às mudanças climáticas, continuem a fornecer serviços essenciais e contribuam para o bem-estar humano e a eliminação da pobreza e da fome. A Iniciativa GGW visa apoiar mais de 425 milhões de africanos que vivem nas terras áridas a adotar práticas

Economia Rural e Agrícola

CAADP

AU PANVAC

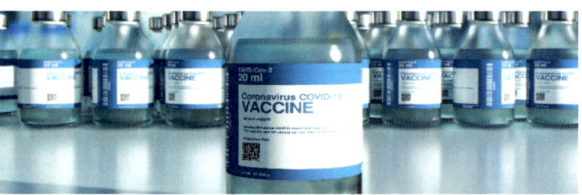

AU IBAR

de desenvolvimento sustentável que protejam o meio ambiente e lutem contra a fome e a pobreza.

O Departamento de Economia Rural e Agricultura lidera os esforços para promover o desenvolvimento agrícola e a gestão ambiental sustentável, bem como apoiar a implementação do CAADP, GGW e outros programas de agricultura sustentável em todo o continente.

Quando o assunto é agricultura, eu como afro-brasileiro, tenho por obrigação deixar um grande contributo na Coleção África e é o que venho procurando fazer nos livros.

Temos no Brasil a EMBRAPA que é a Empresa Brasileira de Pesquisa Agropecuária com uma gama enorme de conhecimentos disponíveis em sua Plataforma Digital.

EMBRAPA QUEM SOMOS

Somos uma empresa de inovação tecnológica focada na geração de conhecimento e tecnologia para agropecuária brasileira.

A Empresa Brasileira de Pesquisa Agropecuária (Embrapa) foi criada em 26 de abril de 1973 e é vinculada ao Ministério da Agricultura, Pecuária e Abastecimento (Mapa). Desde a nossa criação, assumimos um desafio: desenvolver, em conjunto com nossos parceiros do Sistema Nacional de Pesquisa Agropecuária (SNPA), um modelo de agricultura e pecuária tropical genuinamente brasileiro, superando as barreiras que limitavam a produção de alimentos, fibras e energia no nosso País.

Esse esforço ajudou a transformar o Brasil. Hoje a nossa agropecuária é uma das mais eficientes e sustentáveis do planeta. Incorporamos uma larga área de terras degradadas dos cerrados aos sistemas produtivos. Uma região que hoje é responsável por quase 50% da nossa produção de grãos. Quadruplicamos a oferta de carne bovina e suína e ampliamos em 22 vezes a oferta de frango. Essas são algumas das conquistas que tiraram o País de uma condição de importador de alimentos básicos para a condição de um dos maiores produtores e exportadores mundiais.

ATUAÇÃO:

Em Pesquisa e Desenvolvimento

Com foco em inovação, trabalhamos com uma extensa agenda de temas estratégicos, antecipando cenários e soluções para a agropecuária. A diversidade da agricultura brasileira está refletida em nossa atuação. Agricultura empresarial e familiar; a fronteira do conhecimento e a preservação de práticas ancestrais de comunidades tradicionais brasileiras estão entre as nessas atividades. Conheça mais a nossa pesquisa.

Em Transferência de Tecnologia

Construir o conhecimento em conjunto com os diversos segmentos do setor. Apostamos nesse caminho para promover a sustentabilidade da agricultura brasileira, com respeito à diversidade ambiental, étnica e cultural do País. Conheça mais sobre como fazemos Transferência de Tecnologia.

No exterior

Desde o inicio da nossa história, buscamos a cooperação com os principais centros de pesquisa mundiais. Continuamos apostando em cooperação científica como forma de enfrentar os grandes desafios da agropecuária nos próximos anos. Hoje somos uma referência mundial em agricultura no clima tropical e apoiamos o Governo Brasileiro em ações que visam promover o desenvolvimento do setor em países emergentes. **Conheça mais a nossa atuação internacional.**

Futuro

Nosso objetivo é continuar contribuindo para o avanço do setor agropecuário nos próximos anos. Para isso, é fundamental a capacidade de antecipar o futuro e mapear cenários, pois a complexidade será a marca do futuro.

O Sistema Agropensa

O Agropensa é o Sistema de Inteligência Estratégica da Embrapa dedicado a produzir e difundir conhecimentos e informações em apoio à formulação de estratégias de Pesquisa, Desenvolvimento e Inovação (PD&I) para a própria Empresa e instituições parceiras. O Sistema está sob coordenação da Secretaria de Inteligência e Relações Estratégicas (Sire)

O Agropensa atua no mapeamento e apoio à organização, integração e disseminação de base de dados e de informações agropecuárias. Ele captura e prospecta tendências, identifica futuros possíveis e elabora cenários que permitam à agropecuária brasileira melhor se preparar diante de potenciais desafios e oportunidades.

Bases de Dados

Os bases de dados estão apresentadas em Painel Interativo (dashboard/BI) que permite consulta rápida e customizável . Entre as informações tem-se a evolução anual de acordo com a variável escolhida da Produção Agrícola Municipal (PAM), Pesquisa Pecuária Municipal (PPM) e Pesquisa Trimestral do Abate (PTA) - IBGE.

A Rede de Conhecimento composta por colaboradores da Embrapa e parceiros externos, nacionais e internacionais, atua na coleta de informações, na realização de análises e estudos ou na proposição de estratégias.

African Union

"I KEPT MY CULTURE. I KEPT THE MUSIC OF MY ROOTS. THROUGH MY MUSIC I BECAME THIS VOICE AND IMAGE OF AFRICA AND THE PEOPLE

Miriam Makeba

EU MANTIVE MINHA CULTURA. MANTIVE A MÚSICA DE MINHAS RAÍZES. ATRAVÉS DA MINHA MÚSICA EU TORNEI ESTA, A VOZ E IMAGEM DE ÁFRICA E DO POVO AFRICANO.

2021

ARTS, CULTURE AND HERITAGE:
Levers for Building the Africa we Want

#AfricanHeritage
www.au.int

Integração econômica e desenvolvimento do setor privado

Para promover a integração económica, bem como o desenvolvimento do sector privado, a African Union está a implementar vários projectos emblemáticos importantes ao abrigo da Agenda 2063, bem como a promover a adopção da **Zona de Comércio Livre Continental Africana (AfCFTA) e do Protocolo de Livre Circulação como motores para a integração e desenvolvimento económico regional** .

Para promover o envolvimento do sector privado, a African Union implementou programas que procuram formar parcerias estratégicas com o sector privado através de compromissos de Parceria Público-Privada, incluindo o desenvolvimento de parcerias estratégicas com Filantropos Africanos para apoiar a implementação de iniciativas de desenvolvimento chave a nível regional e continental. O Fórum Económico Africano (Plataforma) AEP foi lançado como uma reunião de múltiplas partes interessadas para reunir a liderança política africana, o setor privado, a academia e a sociedade civil para reflectir sobre como acelerar a transformação econômica da África, aproveitando seus vastos recursos para melhorar o desenvolvimento do povo africano. O fórum discute as principais oportunidades, bem como os constrangimentos que dificultam o desenvolvimento económico e propõe medidas a serem tomadas para concretizar as aspirações e objectivos da Agenda 2063. O Conselho Empresarial Africano.

A criação de Instituições Financeiras Continentais Africanas visa acelerar a integração e o desenvolvimento socioeconómico do continente através do estabelecimento de organizações que irão desempenhar um papel central na mobilização de recursos e gestão do sector financeiro africano. As instituições financeiras previstas para promover a integração económica são o Banco Africano de Investimento e a Bolsa de Valores

Pan-Africana; o Fundo Monetário Africano e o Banco Central Africano.

A African Union também promove o uso de dados africanos provenientes de fontes nacionais oficiais para melhorar o uso de estatísticas e dados verificados para o desenvolvimento. A Carta Africana de Estatística promove a utilização de estatísticas para o desenvolvimento em África e estabelece os princípios metodológicos e éticos que visam garantir a produção em tempo real de estatísticas harmonizadas sobre a África, de forma a ir de encontro às necessidades e padrões que as tornam Estatísticas de referência da África.

O Instituto Africano para Remessas (AIR) é o escritório da African Union encarregado de promover reformas nos quadros regulamentares de remessas dos Estados-Membros com o objetivo de reduzir os custos de transferência de remessas; melhorar a capacidade dos Estados-Membros de medição estatística, compilação e comunicação de dados de remessas; e ajudar os Estados Membros a projetar ferramentas estratégicas para alavancar as remessas para o desenvolvimento social e econômico. O instituto é organizado pela Escola de Estudos Monetários do Quênia (KSMS) em Nairóbi, Quênia.

O Departamento de Assuntos Económicos promove o trabalho da African Union na área de integração económica e desenvolvimento e envolvimento do sector privado. O departamento também propõe soluções políticas para a resolução do problema da dívida de África e fornece um quadro para a utilização de estatísticas harmonizadas. O departamento está a liderar os esforços da African Union para o estabelecimento do Instituto de Estatística da African Union e do Centro de Formação em Estatística.

A Fundação da African Union concentra-se no envolvimento com a filantropia do setor privado para apoiar iniciativas de desenvolvimento chave no continente, como a agricultura e o desenvolvimento da juventude.

Resolução de conflitos, paz e segurança

A União Africana lidera a formulação de políticas e implementação de decisões destinadas a garantir que África atinja a Aspiração 4 da Agenda 2063, que aspira por "Uma África pacífica e segura" através da utilização de mecanismos que promovem uma abordagem centrada no diálogo para a prevenção de conflitos e resolução de conflitos e o estabelecimento de uma cultura de paz e tolerância nutrida nas crianças e jovens da África por meio da educação para a paz. A iniciativa emblemática da Agenda 2063 de Silenciar as armas está no centro das atividades que estão sendo postas em prática para garantir que a África seja um continente mais pacífico e estável.

O principal órgão da African Union para a promoção da paz e segurança no continente é o Conselho de Paz e Segurança (CPS), que é o órgão de tomada de decisões permanente da African Union para a prevenção, gestão e resolução de conflitos. É um acordo coletivo de segurança e alerta antecipado destinado a facilitar respostas oportunas e eficientes a situações de conflito e crise na África. É também o pilar fundamental da Arquitetura Africana de Paz e Segurança (APSA), que é a estrutura para a promoção da paz, segurança e estabilidade na África.

O Departamento de Paz e Segurança da Comissão da União Africana (CUA) apoia o CPS no cumprimento das suas responsabilidades ao abrigo do Protocolo do CPS e lidera as actividades da CUA relacionadas com a paz, segurança e estabilidade em todo o continente. O Departamento apoia vários escritórios e missões de paz e segurança e trabalha com representantes especiais nomeados pelo Presidente da CUA na área de paz e segurança.

O Departamento supervisiona o Centro Africano para o Estudo e Pesquisa sobre Terrorismo e também defende a assinatura e ratificação pelos Estados membros dos vários tratados da African Union nas áreas de paz e segurança.

Descubra mais sobre o trabalho da African Union na resolução de conflitos e manutenção da paz no continente visitando o Departamento de Paz e Segurança.

Promovendo Saúde e Nutrição

A aspiração 1 da Agenda 2063 prevê uma "África próspera baseada no crescimento inclusivo e desenvolvimento sustentável." Para alcançar esta ambição, um dos principais objetivos para a África é garantir que seus cidadãos sejam saudáveis e bem nutridos e que níveis adequados de investimento sejam feitos para expandir o acesso a serviços de saúde de qualidade para todas as pessoas.

A African Union trabalha para garantir que a África desenvolva e gerencie de forma sustentável o seu setor de saúde, colocando em prática as instituições setoriais relevantes para apoiar a construção de conhecimento, bem como gerenciar emergências e surtos de doenças no continente. Os Centros Africanos de Controle e Prevenção de Doenças da African Union (Africa CDC) foram estabelecidos como a instituição líder para apoiar os países africanos na promoção da saúde e prevenção de surtos de doenças, melhorando a prevenção, detecção e resposta às ameaças à saúde pública. O CDC da África busca fortalecer as capacidades, e parcerias das instituições de saúde pública da África para detectar e responder de forma rápida e eficaz às ameaças e surtos de doenças, com base na ciência, políticas e intervenções e programas baseados em dados. O Africa CDC desempenha um papel fundamental na ligação de várias partes através da Unidade de Vigilância Baseada em Eventos (EBS), capacitação dos Estados Membros, actividades de campo conduzidas através do Centro Continental de Operações de Emergência (EOC), bem como no estabelecimento de Centros Colaboradores Regionais (RCC).

A African Union pretende lançar um corpo de voluntários de saúde dentro do Africa CDC. O Corpo de Saúde Voluntário Africano será implantado durante surtos de doenças e outras emergências de saúde.

Estudos mostram que desnutrição prolongada, nanismo e problemas de saúde contribuem para o aumento do absenteísmo escolar e das taxas de evasão, menores taxas de frequência e diminuições gerais da cognição. Isso trouxe à tona os potenciais resultados nutricionais e de saúde dos programas de alimentação escolar como complementares aos resultados de educação e aprendizagem. A African Union trabalha com os estados membros para melhorar os níveis de nutrição no continente e empreendeu atividades específicas, como o Estudo do Custo da Fome na África (COHA), que melhorou o conhecimento sobre o impacto social e econômico da desnutrição infantil na África e as intervenções que os países precisam tomar medidas para abordar e remediar as questões identificadas como contribuintes para a má nutrição, como a produção agrícola inadequada / deficiente em nutrientes.

Além disso, para apoiar a aprendizagem e a melhoria da saúde e nutrição entre crianças em idade escolar, a iniciativa de alimentação escolar da African Union reconhece que os programas de alimentação escolar têm um impacto significativo no acesso e retenção, frequência e na redução das taxas de abandono escolar entre crianças em idade escolar . Além dos benefícios psicológicos, essas iniciativas melhoram o aprendizado, as funções cognitivas, o comportamento em sala de aula, o desempenho acadêmico e a capacidade de concentração; e para famílias marginalizadas e com insegurança alimentar, os Programas de Alimentação Escolar melhoram a segurança alimentar das famílias, aumentando as cestas básicas de famílias em áreas com déficit alimentar. A African Union está trabalhando com os estados membros para implementar Programas de Alimentação Escolar que, além dos benefícios mencionados acima, criem transferências de receita para famílias beneficiárias e redes de segurança social para famílias pobres, beneficiando comunidades inteiras através do estímulo de mercados locais, permitindo que as famílias invistam em ativos produtivos e impactando a economia em geral, facilitando a transformação agrícola por meio de vínculos com os pequenos agricultores. O dia 1 de março é o Dia Africano da Alimentação Escolar oficial em reconhecimento a estes programas que são implementados diariamente em diferentes países africanos.

O Departamento de Assuntos Sociais promove o trabalho da African Union na área da saúde e nutrição. A iniciativa de alimentação escolar da African Union é liderada pelo Departamento de Recursos Humanos, Ciência e Tecnologia como parte das iniciativas educacionais destinadas a promover a frequência escolar.

Desenvolvimento da juventude

A África tem a população mais jovem do mundo, com mais de 400 milhões de jovens com idades entre 15 e 35 anos. Essa população jovem exige um aumento do investimento em fatores de desenvolvimento econômico e social, a fim de melhorar o índice de desenvolvimento das nações africanas.

A UA desenvolveu várias políticas e programas de desenvolvimento da juventude a nível continental com o objetivo de garantir que o continente beneficia do seu dividendo demográfico. As políticas incluem a Carta Africana da Juventude, o Plano de Ação da Década da Juventude e a Decisão de Malabo sobre o Empoderamento da Juventude, todas elas implementadas através de vários programas da Agenda 2063 da UA.

A Carta da Juventude Africana protege os jovens da discriminação e garante a liberdade de movimento, expressão, associação, religião, propriedade de propriedade e outros direitos humanos, ao mesmo tempo que se compromete a promover a participação dos jovens em toda a sociedade.

O Plano de Ação da Década da Juventude concentra-se em 5 áreas prioritárias, a saber:
- Educação e desenvolvimento de habilidades;
- Emprego e empreendedorismo juvenil;
- Governança, Paz e Segurança;
- Saúde Juvenil e Direitos de Saúde Sexual e Reprodutiva;
- Agricultura, Mudanças Climáticas e Meio Ambiente.

A Estratégia Continental de TVET fornece uma estrutura abrangente para a formulação e desenvolvimento de políticas e estratégias nacionais para enfrentar os desafios da educação e da formação técnica e profissional para apoiar o desenvolvimento econômico, a criação de riqueza nacional e contribuir para a redução da pobreza por meio do empreendedorismo jovem, inovação e emprego .

O Departamento de Recursos Humanos, Ciência e Tecnologia promove o trabalho da African Union na área de desenvolvimento da juventude.

Igualdade de gênero e desenvolvimento

A Aspiração 6 da Agenda 2063 clama por "Uma África, cujo desenvolvimento é impulsionado pelas pessoas, contando com o potencial do povo africano, especialmente suas mulheres e jovens, e cuidando das crianças". A Agenda 2063, portanto, exige que vivamos em uma sociedade mais inclusiva, onde todos os cidadãos estão ativamente envolvidos na tomada de decisões em todos os aspectos e onde nenhuma criança, mulher ou homem é deixado para trás ou excluído, com base no gênero, filiação política, religião, afiliação étnica, localidade, idade ou outros fatores. O Artigo 3 do Protocolo sobre Emendas ao Acto Constitutivo da União Africana reconhece o papel crítico das mulheres na promoção do desenvolvimento inclusivo e apela à UA "para garantir a participação eficaz das mulheres na tomada de decisões, particularmente nas áreas política, económica e áreas sócio-culturais. "

A UA reconhece que a igualdade de género é um direito humano fundamental e uma parte integrante da integração regional, crescimento económico e desenvolvimento social e desenvolveu a estratégia da UA para a Igualdade de Género e Empoderamento das Mulheres (GEWE) para garantir a inclusão das mulheres na agenda de desenvolvimento de África .

A estratégia da GEWE se concentra em 6 pilares principais, a saber:

1) Empoderamento econômico das mulheres e desenvolvimento sustentável - o empoderamento das mulheres é a chave para o crescimento, prosperidade e sustentabilidade;
2) Justiça social, proteção e direitos das mulheres - os direitos da mulher são direitos humanos; eles abrangem todas as esferas - social, política, legal e econômica;
3) Liderança e governança - a boa governança exige a participação igual e efetiva das mulheres;
4) Sistemas de gestão de gênero - fornecendo acesso e recursos de

investimento (financeiros e outros recursos técnicos) para apoiar as mulheres;

5) Mulheres, Paz e Segurança - Garantir que as perspectivas das mulheres sejam incluídas nas questões da Paz - Programas de Prevenção, Proteção e Promoção;

6) Mídia e TICs - Dada às mulheres uma voz na mídia africana e acesso à tecnologia para o conhecimento.

A Carta Africana dos Direitos do Homem e dos Povos sobre os Direitos das Mulheres em África da African Union exige que os Estados Partes combatam todas as formas de discriminação contra as mulheres através de medidas legislativas adequadas.

A Direcção de Mulheres, Género e Desenvolvimento (WGDD) é responsável por liderar, orientar, defender e coordenar os esforços da UA para alcançar a igualdade de género e promover o empoderamento das mulheres e garantir que os países africanos cumpram a Declaração Solene da UA sobre a Igualdade de Género em África (SDGEA).

A GRANDE FORÇA DA MULHER AFRICANA

O Quênia conquistou a dobradinha na maratona feminina nas Olimpíadas de Tóquio. Peres Jepchirchir ficou com o ouro após os mais de 42 quilômetros da prova. Ela terminou com o tempo de 2h27min20s. A também queniana Brigid Kosgei levou a prata e cruzou a linha de chegada 16 segundos após sua compatriota, com 2h27min36s.

Promoção de esportes e cultura

A Aspiração 5 da Agenda 2063 prevê a A'n Africa com uma forte identidade cultural, herança comum, valores e ética compartilhados. Isso exige um renascimento cultural africano que seja preeminente e promova

ARTS, CULTURE AND HERITAGE
Levers for Building the Africa we Wan

o espírito do pan-africanismo; explorar a rica herança e cultura da África para garantir que as artes criativas sejam os principais contribuintes para o crescimento e a transformação da África; e restaurando e preservando o patrimônio cultural da África, incluindo suas línguas.

A Carta Africana da African Union para o Renascimento Cultural Africano reconhece o importante papel que a cultura desempenha na mobilização e unificação das pessoas em torno de ideais comuns e na promoção da

#AfricanHer
www.au.int

cultura africana para construir os ideais do pan-africanismo. O projeto emblemático da Agenda 2063 para o Grande Museu Africano visa criar consciência sobre os vastos, dinâmicos e diversos artefatos culturais da África e a influência que a África teve e continua a ter nas várias culturas do mundo em áreas como arte, música, língua, ciência e assim por diante. O Grande Museu Africano será um centro focal para a preservação e promoção do patrimônio cultural africano. A African Union trabalha para encorajar a cooperação cultural através do uso de línguas africanas e da promoção do diálogo intercultural. A Academia Africana de Línguas (ACALAN) e o Centro de Estudos Linguísticos e Históricos por Tradição Oral (CELHTO) foram criados para capacitar as línguas africanas, promover o uso de várias línguas em todos os níveis, especialmente no setor da educação e para garantir o desenvolvimento e promoção das línguas africanas como factores de integração e desenvolvimento africanos, respeito pelos valores e compreensão mútua e paz.

O esporte é reconhecido como um elemento de cultura e um importante contribuidor no desenvolvimento humano e no fortalecimento da coesão nacional e da reaproximação das pessoas. A African Union realiza atividades por meio dos Estados membros para desenvolver e promover o esporte e garantir que a contribuição da África para o esporte global seja equilibrada e democrática. Os Estados membros da African Union reconheceram que é necessário que a África intensifique a sua campanha contra todas as formas de discriminação racial, religiosa e política no desporto. O Conselho Desportivo da União Africana (AUSC) foi proposto como o órgão que será responsável pela coordenação do Movimento Desportivo Africano e o fórum que irá coordenar os esforços dos Estados membros para promover e desenvolver o desporto no continente. Suas funções incluirão a promoção do esporte como um direito humano fundamental, defender o desenvolvimento do esporte, defender o financiamento para o desenvolvimento do esporte e garantir que os países desenvolvam políticas, programas, sistemas e estruturas esportivas. A AUSC é responsável pelos Jogos Africanos.

O Departamento de Assuntos Sociais promove o trabalho da African Union na área da cultura e do desporto.

AFRICANIZAR O OCIDENTE

AO INVÉS DE OCIDENTALIZAR A ÁFRICA

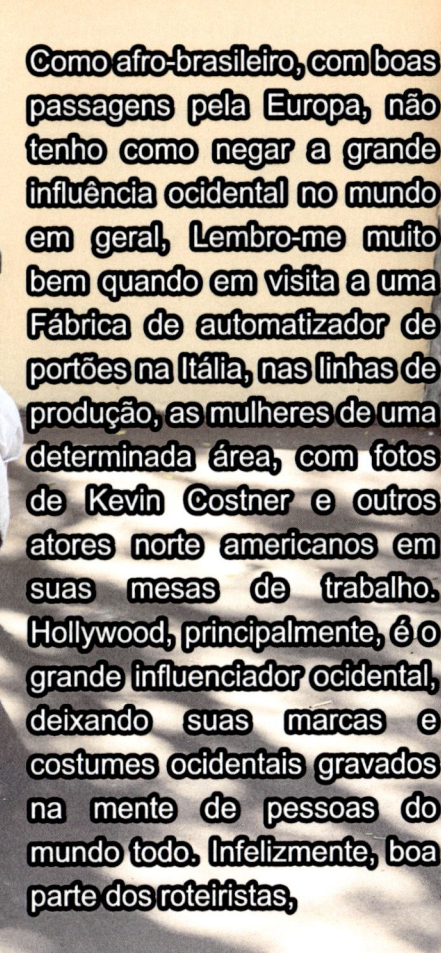

Como afro-brasileiro, com boas passagens pela Europa, não tenho como negar a grande influência ocidental no mundo em geral, Lembro-me muito bem quando em visita a uma Fábrica de automatizador de portões na Itália, nas linhas de produção, as mulheres de uma determinada área, com fotos de Kevin Costner e outros atores norte americanos em suas mesas de trabalho. Hollywood, principalmente, é o grande influenciador ocidental, deixando suas marcas e costumes ocidentais gravados na mente de pessoas do mundo todo. Infelizmente, boa parte dos roteiristas,

Foto feita em Outubro de 2011, na Feira de Turismo no Zimbabwe, chamada Sanganai Hlanganani.

se não a totalidade, acabam tendo preguiça de efetuarem pesquisas ao redor do mundo para mostrarem em seus filmes outras realidades. Os roteiros dos filmes norte-americanos já estão cansativos e repetitivos. Você começa a assistir um filme, meio que já prevendo os possíveis finais, com boa chance de acertar.

Através de seus filmes, ditam uma cultura fraca como sendo o grande objetivo a ser alcançado. Nem todo mundo quer trabalhar em Wall Street, usando roupas e ornamentos caros. A vida no planeta é bem mais diversificada e bem mais interessante.

O MUNDO ESTÁ PRECISANDO MUITO DE NOVIDADES, DE NOVOS PARÂMETROS, DE NOVOS COSTUMES, DE NOVAS BELEZAS, DE NOVOS PADRÕES E DE NOVAS VERDADES.

A mulher negra é tão ou mais bonita que a mulher loira. Só que por imposição dos produtores dos filmes de Hollywood, 90% são loiras.

Funciona mais ou menos assim: a China tem imenso poder de compra, vamos colocar chineses nos filmes e vender nossos produtos para eles.

E continua sempre o mercado financeiro influindo em tudo, ditando as regras, até porque o dinheiro é a base de todo o trabalho artístico ocidental, pois poucos são os governos ao redor do mundo que possuem a mentalidade de financiamento de seus artistas e produtores locais para que divulguem obras e culturas locais.

Eu mesmo quando estive na Itália, se tivesse visto uma foto de um ator italiano na bancada iria perguntar, quem é esse?

Podemos considerar que o nosso mundo em geral está muito pasteurizado (não sei se este termo é inteligível nos demais idiomas), se não entender, quero dizer que estamos na atualidade MUITO IGUAIS, mesmo sendo bem diferentes. Quem for diferente está fora do padrão. Padrão de beleza, padrão de sucesso, padrão de vida.

Em 2011, quando cheguei em Angola ou mesmo no Zimbabwe o que me encantou e me encanta até hoje é exatamente a vida do povo mais simples, sem condições de imitar o padrão ocidental. É no meio deles que consigo ter mais próxima de minha mente a ALMA AFRICANA.

Ao desembarcar no aeroporto de Johannesburg na África do Sul é comum você ser recebido com músicos sul-africanos, vestidos com os seus trajes nativos a cantar e a tocar suas músicas. Encontra também inúmeros trajes tradicionais, bem como artesanatos vindos de várias partes da África do Sul.

Foto feita em Outubro de 2011, no Aeroporto de Johannesbug - África do Sul

Foto feita em Outubro de 2011, no Aeroporto de Johannesbug - África do Sul

O CINEMA EM ÁFRICA

Veja o quanto a África tem falado e você
pode, semplesmente, não estar ouvindo.

O cinema da Nigéria tem crescido nos últimos anos e, embora seja um mercado extremamente informal, teve uma grande explosão de produção nos últimos anos que tem chamado a atenção mundial por suas características únicas. Toda as produções são realizadas em vídeo. Sua produção é tamanha que já lhe rendeu o apelido de "Nollywood", por ser considerada a terceira maior indústria de produção de cinema do mundo, atrás apenas de Hollywood e Bollywood. Em volume de produção, "Nollywood" talvez seja até a maior, já que desde o final da década de 1990 são feitos mais de mil filmes por ano, todos filmados e distribuídos em vídeo.

O mercado da Nigéria é exclusivamente de homevideo (com 90% da produção sem distribuição oficial, legalizada), pois praticamente não existem mais salas de cinema no país. Com este panorama, não é possível apontar com alguma precisão o tamanho desta indústria. Faltam estatísticas precisas ou elas simplesmente não existem. A única fonte oficial minimamente confiável é o National Censorship Board, responsável pela classificação indicativa, embora o órgão não dê conta do grande volume de produção, e de toda sua informalidade, com muitos filmes sendo "lançados" sem a indicação etária.

Sem salas de cinema, a Nigéria conta com cerca de 15 mil videoclubes e locadoras, e em quase todo tipo de comércio pode-se encontrar filmes para vender ou alugar. Estima-se que cada filme venda cerca de 25 mil cópias, cada uma vendida a cerca de CFA 2.300 (USD 3,50), com a locação a CFA 200 (USD 0,30). No entanto, não é possível saber o número de locações de cada cópia e quantas pessoas assistem a cópia por cada locação. Os preços das cópias e das locações são compatíveis com os preços do mercado pirata, na tentativa de poder competir de igual para igual, mas mesmo assim a pirataria também é um problema grave na Nigéria, país onde a grande maioria da população é de muito baixa renda.

O mercado totalmente independente do governo, onde o financiamento às vezes é feito com empréstimos pessoais e informais e que gira por si próprio - as fitas e DVDs têm anúncios de outros filmes na capa e às vezes até mesmo pequenos trailers de outras produções antes do filme começar. Uma produção média de Nollywood é realizada em apenas 10 dias e custa aproximadamente US$ 15 mil. Os primeiros filmes de

Nollywood eram todos filmados em vídeo analógico, VHS ou Betacam, mas com o avanço e a redução de custos da tecnologia digital todas as produções são feitas com câmeras digitais, principalmente no formato Mini-DV. Geralmente são os próprios produtores que se encarregam da distribuição das fitas e DVDs, garantindo um retorno financeiro fácil e rápido, com uma margem de lucro não muito ambiciosa, mas volume muito grande. Com esse esquema de produção, em apenas 15 anos a indústria cresceu do zero para um mercado de cerca de US$ 250 milhões por ano que emprega milhares de pessoas. Estima-se que cerca de 300 diretores estejam em atividade, produzindo um total de aproximadamente dois mil filmes por ano.

O sucesso desta indústria reside principalmente na temática dos filmes ter um apelo direto com o público local, por tratar de preocupações, conflitos e realidades que frequentam o noticiário e o imaginário da população local. Os temas mais frequentes são a AIDS (SIDA), corrupção, prostituição, religião e ocultismo. A produção é realizada em diferentes línguas, assim como acontece com a produção de Bollywood, na Índia. Na Nigéria, cerca de 40% da produção é em pidgin nigeriano, 35% em iorubá, 17,5% em hauçá e os 7,5% restantes em outras línguas e dialetos locais. Nollywood também começa a conquistar espaço em outros países da África, com seus atores fazendo sucesso na região entre o Gana e a Zâmbia, e vai aos poucos ganhando prestígio internacional.

Origens

O fenômeno do cinema nigeriano tem raízes na década de 1980, quando a violência começou a afugentar o público dos cinemas e as pessoas preferiam ficar em casa. Com isso começou a força do então nascente mercado de vídeo cassete, que naquela época era um luxo acessível apenas para a elite local, que dispunha de aparelhos de vídeo e de fitas importadas ou pirateadas. Quem tinha um vídeo em casa passou a receber os amigos para ver filmes. Paralelamente essa mesma elite começou a contratar serviços de produção de filmagem de seus eventos pessoais - como casamentos, formaturas, aniversários e enterros - e esses filmes pessoais também passaram a ser exibidos para os amigos. Com isso a indústria de produção de vídeos "caseiros" cresceu e passou a diversificar, com filmagens também de peças teatrais. Daí para a produção de filmes com os atores e diretores das companhias de teatro.

Constituição

Mas a produção de cinematográfica na Nigéria é comumente creditada ao início da década de 1990, quando a ausência total de salas de cinema e de incentivos e financiamentos paralisou completamente a produção cinematográfica nacional. A partir daí, a produção televisiva se fortaleceu e as séries locais viraram um fenômeno de audiência, com seus atores ganhando prestígio nacional. Em 1992, no auge do sucesso, as principais séries pararam de ser produzidas por conflitos financeiros entre os produtores, os atores e os canais de televisão. As TVs, por sua parte, substituíram os programas por telenovelas mexicanas, deixando produtores e atores nacionais sem opção senão a televisão.

Neste cenário, o produtor Kenneth Nnebue reuniu alguns astros dos antigos programas e fez uma série em vídeo visando distribuição direta no mercado de homevideo, intitulada "Living in Bondage". A recepção foi melhor que a imaginada e o sucesso de "Living in Bondage" foi imediato - estima-se que o primeiro filme da série tenha vendido cerca de 200 mil fitas VHS, sem contar com o comércio ilegal de cópias piratas. Quando foi lançado, em 1992, "Living in Bondage" não foi o único nem o primeiro filme produzido em vídeo diretamente para a distribuição em homevideo

72

da Nigéria, sendo apenas um expoente que conquistou um maior destaque, despertando a atenção para este mercado. Nascia assim Nollywood.

Ainda em meados daquela década, as produções em formato digital se proliferaram em uma escala sem precedentes. A cada semana, cerca de 30 filmes são realizados e lançados nas locadoras, cineclubes e mercados da cidade, nos mais variados tipos de comércio.

Repercussão

Em outubro de 2006, o filme "The Amazin Grace" de (Jeta Amata) foi o primeiro filme nigeriano lançado no cinema desde 1979. Produção fora dos padrões de Nollywood, "The Amazin Grace" teve orçamento de US$ 400 mil, financiado por investidores privados, e se tornou o maior sucesso de bilheteria local, com cerca de 25 mil espectadores, ultrapassando o dobro da bilheteria de "Sr. e Sra. Smith" - o campeão até então. Com apenas quatro salas de cinemas em um país com hoje cerca de 140 milhões de habitantes, o mercado cinematográfico de salas de cinema não é uma realidade muito atraente; estima-se que no mercado de homevideo, o filme de Amata tenha vendido cerca de um milhão de unidades

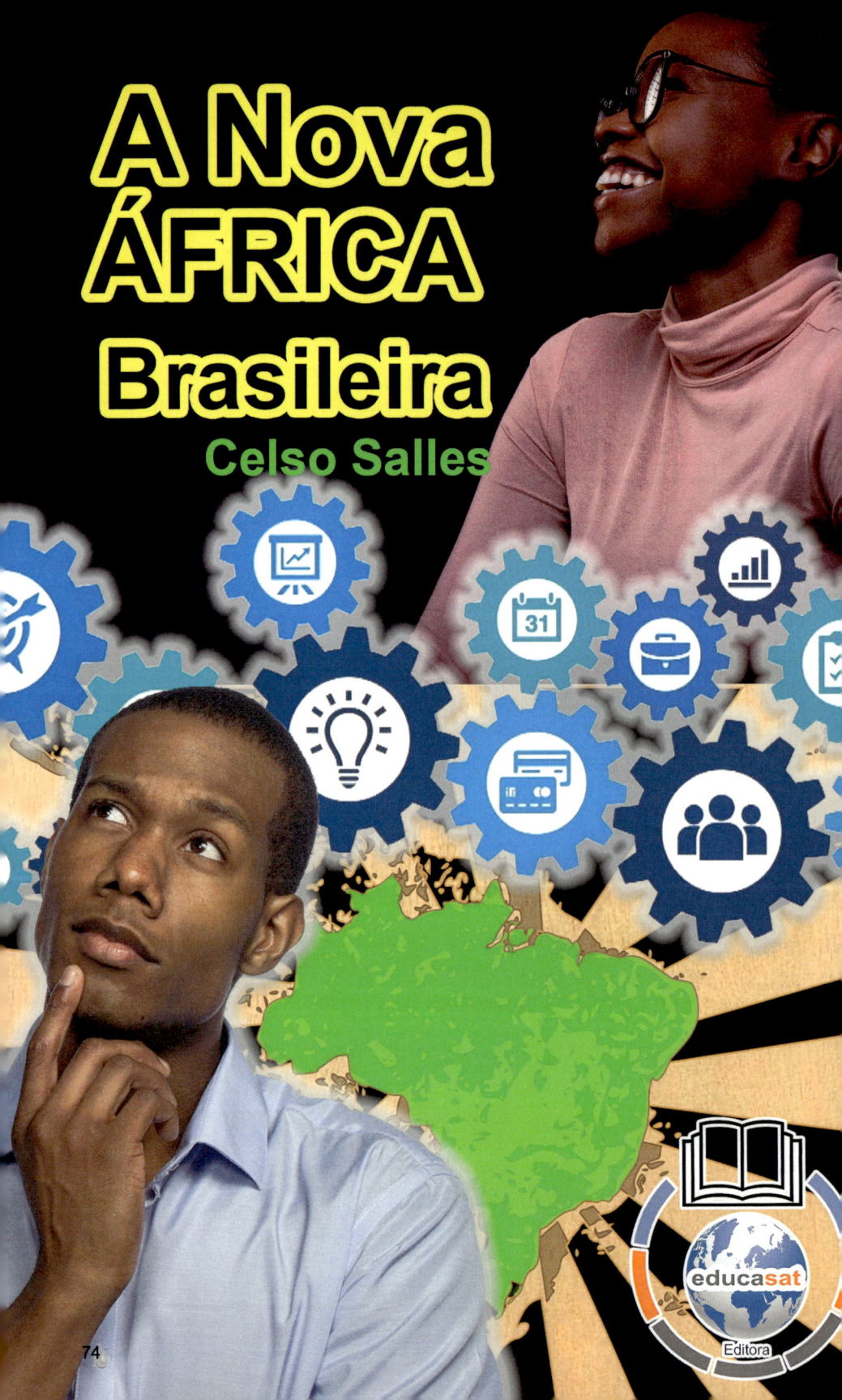

A Nova ÁFRICA Brasileira

Celso Salles

ONDE ENTRA A NOVA ÁFRICA BRASILEIRA EM TUDO ISSO?

Uma pergunta que me faço e de muito fácil resposta. Creio eu que, nós no Brasil, com o passar dos anos, possamos ultrapassar a Nigéria na quantidade de africanos da diáspora. No ano corrente de 2021, a diferença está na casa de menos de 10 milhões de habitantes, à favor da Nigéria.

Sendo assim, o Brasil, fora do continente africano será, sem a menor dúvida, o GRANDE PARCEIRO DO CONTINENTE AFRICANO.

Como pude mencionar de forma bem detalhada no livro CELSO SALLES - Autobiografia em Preto e Branco, já vim ao mundo com uma grande missão, de fazer exatamente o que estou a fazer.

No livro A NOVA ÁFRICA BRASILEIRA coloquei várias estratégias de como esse NOVO BRASIL, menos europeu, menos norte-americano e mais AFRICANO, MAIS AFRO-BRASILEIRO irá fazer a grande diferença no mundo à favor de África. Aliás em toda a Coleção África coloco importantes informações, quebras de paradigmas nocivos e novos paradigmas que irão proporcionar um grande apoio a todas as aspirações tão nobres da African Union, que pude finalmente colocar neste livro.

A NOVA ÁFRICA BRASILEIRA com informações atualizadas terá como realizar inúmeras parcerias em todos os segmentos muito bem trabalhados pela African Union.

Eu não vejo um mundo dividido por cores, embora ele ainda o seja. Vejo um mundo só, onde, na somatória das adversidades encontramos o mais perfeito equilíbrio HOMEM, DEUS E NATUREZA.

Vamos pegar a questão do CINEMA como um exemplo de como uma "Nollywood" pode chegar ao Brasil e render vários milhões de dólares para a NIGÉRIA e para a NOVA ÁFRICA BRASILEIRA. O primeiro passo é exatamente esse que estou a colocar neste livro "E SE A ÁFRICA PUDESSE FALAR".

Levar para a Diáspora do mundo todo as informações que poucos possuem. Diante das informações cada pessoa, cada grupo, cada país no geral, começa a traçar os seus planos de como distribuir de maneira legal e criativa as produções de "Nollywood". Até porque, como já puderam ver nos textos das páginas anteriores, existe um mercado "invisível e bilionário" com sede de novas histórias, sejam elas contadas em filmes, livros ou outra forma de comunicação.

IDENTIDADE AFRICANA.

O que percebo estando em território africano, com muitos dos dirigentes ainda com a visão eurocêntrica, existe uma tendência de mostrar o seu país muito mais com o rosto do ocidente do que com o rosto do seu próprio país. Não posso condená-los pois foram forjados a assim pensar.

Gerar riquezas a partir de nós mesmos não é tão complicado assim. No livro "ENQUANTO DANÇAMOS CULTURALMENTE" eu chamo a atenção para os NOVOS E IMPORTANTES DESAFIOS que precisamos lançar na mente dos NOVOS AFRICANOS em todo mundo. Criei neste livro um TOP 10 para isso.

MENOS REAÇÕES E MUITO MAIS AÇÕES.

O que vejo no mundo africano em geral, são REAÇÕES à partir de ações nocivas ao mundo negro, que batizamos de RACISMO. Advogo a visão de que, QUANTO MAIS AÇÕES PUDERMOS REALIZAR, menores serão os números de REAÇÕES.

Precisamos e como precisamos, despertar novas lideranças no mundo da diáspora que fiquem menos dependentes dos negros norte-americanos, com suas ricas e importantes memórias de resistência ao RACISMO. Fizeram muito e continuam fazendo. As palavras de Martin Luther King, Malcom-X e tantos outros líderes que enfrentaram o pensamento racista, continuam até hoje a serem grandes motivadores dos movimentos negros no Brasil e no mundo.

A pergunta é: Vamos viver só do patrimônio que herdamos deles? Não está na hora de iniciarmos novas e inéditas ações que promovam a FAMÍLIA ÁFRICA MUNDIAL?

Posso dizer que já passou da hora. Eu aqui, escrevendo este livro, não tenho a menor idéia de como uma NOVA ÁFRICA FRANCESA, BRITÂNICA, BELGA, NORTE-AMERICANA podem criar essas novas ações, até porque desconheço as realidade de cada uma dessas NOVAS ÁFRICAS. O que posso fazer e já estou a fazer que é o DESPERTAR das consciências dessas NOVAS ÁFRICAS.

Como pode ser lido nas páginas anteriores deste livro, a African Union está a fazer o papel dela. Um papel de alto nível, mas que precisa de nosso empenho para atingirmos os objetivos da Agenda 2063, quem sabe já em 2043. Por quê não?

TRABALHO, MUITO TRABALHO.

É o que mais digo para as novas gerações de africanos a que tenho acesso aqui no continente. Além do trabalho, tenho enfatizado a importância da paciência. No LIVRO QUEM PLANTA TÂMARAS, NÃO COLHE TÂMARAS, coloquei textos muito fortes no sentido de mostrar aos mais jovens que precisamos pensar no médio e longo prazo, porém iniciarmos já as importantes ações. Não importa que não tenhamos tempo para colher. O importante é que as novas gerações possam herdar melhores patrimônios.

Meu falecido e sábio pai me dizia: Filho temos que sair da cama com sono e da mesa com fome. Para bom entendedor, meia palavra basta.

Vamos pegar o CARNAVAL BRASILEIRO para nos ajudar a pensar. A quantidade de milhões de dólares movida pela realização do Carnaval Brasileiro não somente no Rio de Janeiro, Bahia, mas em todo o país foi crescendo com o passar dos anos. Emprega anualmente milhões de pessoas. Mal termina um carnaval e já começa outro.

A organização das Escolas de Samba na atualidade superam em qualidade a gestão de muitas empresas de renome internacional. A economia é altamente movimentada dentro e fora do Brasil, com as agências de turismo enchendo os seus cofres de dólares.

O advento dos Blocos Carnavalescos conseguiu atingir um público mais elitizado, que na venda de "ABADÁS" (Kits Carnavalescos) movimenta não só o mercado brasileiro como internacional.

Grandes patrocinadores aparecem e as famílias que passaram um ano economizando recursos saem para o mercado fazendo suas compras para montarem suas FANTASIAS CARNAVALESCAS.

90% da cultura no Brasil é advinda da África e os movimentos hoje tão famosos nasceram em fundos de quintais e ganharam o mundo. A África não precisa inventar rodas já inventadas a partir de suas próprias culturas. Basta copiá-las e IMPLANTÁ-LAS, SEM MEDO DE SEREM FELIZES.

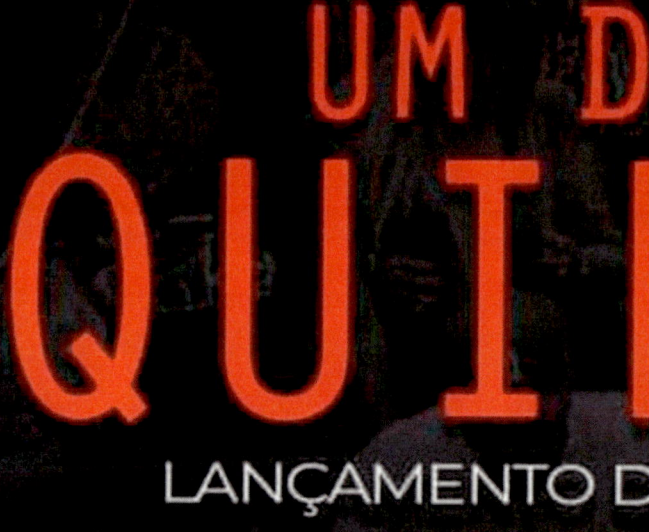

UM D
QUI
LANÇAMENTO D

QUINTAL DA XIKA, um dos quintais mais famosos do mundo.
Um Sonho, Um Quintal e muito Amor.

Programa
LIFE COACH
COM ELIZANDRA DOS SANTOS
10 / 10 - 14h

tvcabo
Canal 108

Quintal da Xika

Quintal da
Xika

15
DEZEMBRO
13h

AXÉ PRA TODO MUNDO

Av. Córrego do Jacu, 141 | Itaquera
INFORMAÇÕES: 11 94676-5479

Quintal da
X

PI
EX

AV CÓRREG

A DE
TAL
OCUMENTÁRIO

18 NOV 13 HORAS
H / M
R$ 10,00
NEGRO
PEITO
OJU ORUM
RMAÇÕES: 11 94676-5479

Quintal da
Xika
16º EDIÇÃO
20 JAN 13 HORAS
H / M
R$ 10,00
QUILOMBO
AV CÓRREGO DO JACU, 141 - ITAQUERA | INFORMAÇÕES: 11 94676-5479
APOIO:
SAFHI

XIKA
QUE TE
QUERO
XIKA
Quintal da
Xika

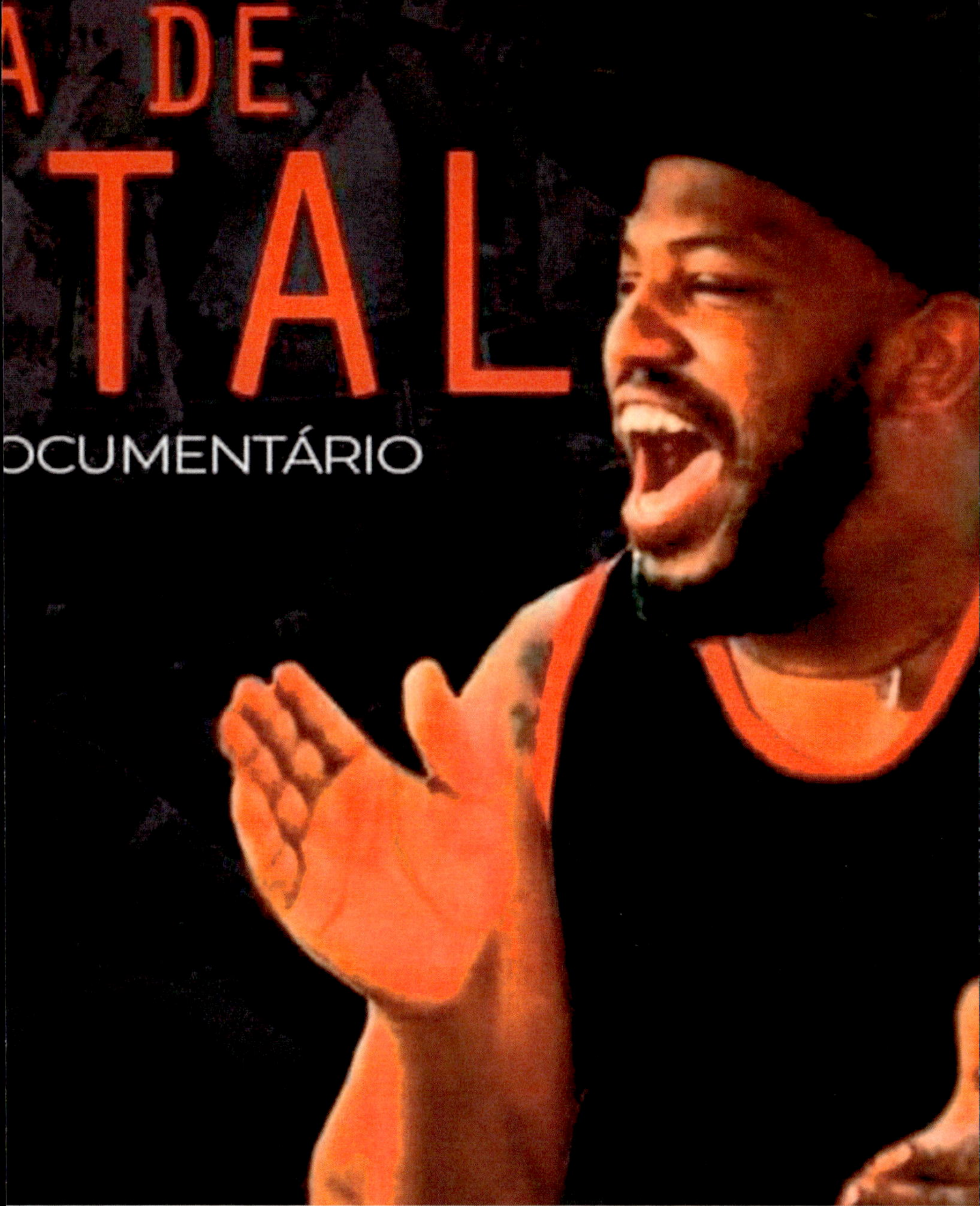

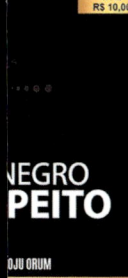

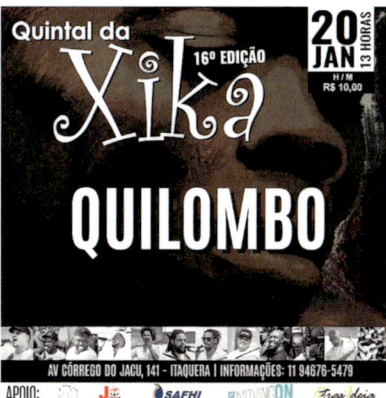

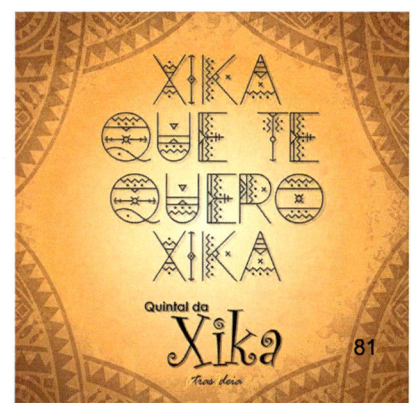

A roda de samba Quintal da XIKA localizada no bairro de Itaquera, zona leste de São Paulo reúne cerca de mil pessoas por edição, realizando importantes homenagens aos mestres da história Samba e da Música Popular Brasileira, contribuindo também para a preservação, manutenção e desenvolvendo trabalho de valorização da nova geração do samba. Este Quilombo de referência Negra, brasilidades e matrizes africanas da zona leste de SP iniciou se em julho de 2017 com edições mensais. A história do Quintal vem de muito antes, com Xixa, cantor e

compositor do samba paulistano, com diversas composições gravadas entre os principais grupos de samba incluindo Fundo de Quintal e várias escolas de samba de SP, RJ e interior e em homenagem à ele e Dona Kátia sua esposa, foi criado o Quintal do XIKA por @vitaoking para comemorar o seu aniversário.

Em Julho de 2018 o Quintal da XIKA recebeu a Placa "SEJA SAMBISTA TAMBÉM", entregue por Bira Presidente no Cacique de Ramos.

O Quintal da Xika lançou em 2019 o 1° Single nas plataformas digitais intitulado XIKA QUE TE QUERO XIKA (composição de Thiago de Xangô e Léo Lopes) no Brasil e na África, para Angola e Moçambique.

Em outubro de 2019 Dona Katia @donakatia1 recebeu a PLACA DE JUBILO, uma das 4 honrarias do Estado de São Paulo pelo trabalho feito em prol da Cultura e do Samba, juntamente com o Documentário "UM DIA DE QUINTAL" escrito e roteirizado por Vitão Ferreira, filho de Dona Katia e idealizador, curador e produtor do Quintal da XIKA.

Em 2020 mais um sonho realizado, o Cordão Quintal da XIKA foi as ruas brincar o carnaval.

Em 2021 lançaram a música AXÉ DE VOVÓ (Thiago de Xangô / Maurício Rocha Jr.) em todas as plataformas digitais.

Em Junho de 2021 lançou o conteúdo autoral Quintal da XIKA Show Livre (ao vivo) no canal Quintal da XIKA no YouTube além da sua 1° Mostra Cultural Quintal da XIKA em Julho de 21.

A grande razão de colocar neste livro a iniciativa cultural "QUINTAL DA XIKA" é porque sei, mais que ninguém, que ao longo dos anos será certamente O QUINTAL MAIS FAMOSO DO MUNDO, empregando afro-descendentes em todo o mundo e criando fortes ligações com o continente africano em geral.

O que o mundo africano precisa aprender e já começamos a aprender é TRABALHAR EM GRUPO. A African Union vem nos dando grandes exemplos como pode-se ver nas páginas deste livro.

Tudo o que nasce, nasce necessariamente pequeno e vai crescendo conforme as pessoas vão se engajando no projeto. Assim como "Nollywood", que como vimos iniciou em QUINTAIS NIGERIANOS e atualmente em alguns números ultrassa até a poderosa Hollywood, pois chega até um público que Hollywood não chega.

De uma forma geral, temos que criar NOVOS E IMPORTANTES ESPAÇOS e fazermos as mais IMPOSSÍVEIS CONEXÕES.

© Wolfgang Kluge/picture

Os famosos bronzes encontram-se
espalhados por vários museus alemães

Alemanha vai devolver "Bronzes do Benim" à Nigéria em 2022

Líderes culturais e políticos alemães chegaram a um acordo para devolver artefactos à Nigéria no próximo ano. As obras de arte foram roubadas no século XIX e estão atualmente em exposição em vários museus na Alemanha.

Em 2022, a Alemanha planeia devolver à Nigéria artefactos antigos e saqueados, mais conhecidos como "Bronzes do Benim", depois de especialistas de museus e líderes políticos terem finalmente chegado a acordo na quinta-feira (29.04).

A maioria dos artefactos foram pilhados pelas forças britânicas durante uma expedição militar ao território que é hoje a Nigéria, em 1897. As placas e esculturas metálicas do século XVI-XVIII que decoraram o palácio real do reino do Benim estão entre as obras de arte africanas mais conceituadas.

Atualmente estão espalhadas por vários museus europeus. O Museu Etnológico de Berlim, por exemplo, possui cerca de 530 artefactos do reino do Benim, incluindo cerca de 440 bronzes.

Agora, o próximo passo será a elaboração de um roteiro para o regresso das obras ao país de origem, que deverá estar concluído nos próximos meses.

Um marco histórico

A ministra da Cultura da Alemanha, Monika Grütters, classificou hoje a declaração conjunta acordada quinta-feira (29.04) sobre a futura gestão dos "Bronzes do Benim" nos museus alemães como um "marco histórico" na "responsabilidade histórica e moral de trazer à luz o passado colonial da Alemanha e lidar com ele".

O tratamento que se vai dar aos bronzes "será um teste", acrescentou

Grütters, que diz ter ficado "feliz e grata" porque os chefes dos museus alemães, os líderes regionais da Cultura e os representantes do Ministério dos Negócios Estrangeiros concordaram "em desenvolver uma posição consensual na Alemanha para alcançar um entendimento comum com o lado nigeriano".

O objetivo deste acordo, afirmou, é "a maior transparência possível" e, acima de tudo, uma restituição substancial. "Desta forma queremos contribuir para a compreensão e reconciliação com os descendentes do povo que viu os seus tesouros culturais serem saqueados durante a era colonial", sublinhou a ministra.

O ministro dos Negócios Estrangeiros da Alemanha, Heiko Maas, também classificou o acordo como "um ponto de viragem na abordagem da história colonial" no país. Disse ainda que a questão da cooperação museológica com África passou a fazer parte da agenda política da Alemanha, que tem procurado o diálogo com os seus parceiros nigerianos.

Os tesouros 'roubados' da África que foram parar em museus da Europa e dos EUA

• Ashley Lime
• Da BBC News África, em Nairóbi
25 novembro 2018

Estátuas de reinos africanos, trajes de casamento, esculturas de pedra... Itens que retratam a cultura e história dos povos africanos estão espalhados por museus britânicos e americanos.

Durante o período colonial na África, milhares de artefatos culturais foram levados do continente pelos europeus. Agora, países africanos querem o retorno desses bens de enorme valor artístico e histórico.
A BBC News lista a seguir algumas dessas peças.

Bronzes de Benin

placa que integra a coleção dos Bronzes de Benin

Alguns artefatos de Benin foram devolvidos para a Nigéria a partir de 2014

Os Bronzes de Benin são esculturas delicadas e placas que adornavam o palácio real de Ovonramwen Nogbaisi, o Oba do Reino de Benin (equivalente a um rei). O território, que hoje é a Nigéria, foi incorporado ao Reino Unido durante o período colonial.

As peças eram feitas de zinco, marfim, cerâmica e madeira. Várias delas foram feitas em homenagem aos ancestrais de reis e rainhas do passado.

Em 1897, os britânicos lançaram uma expedição "punitiva" contra o Benin, em resposta a um ataque a uma expedição diplomática.

Além das esculturas, inúmeros outros objetos reais foram retirados de lá à força e espalhados pelo mundo.

O Museu Britânico de Londres diz que vários dos objetos de Benin foram entregues à instituição em 1898 pelo Ministério de Relações Exteriores e pela Marinha.

Em outubro, os principais museus europeus concordaram em enviar de volta para a Nigéria alguns dos mais valiosos objetos. Eles ficarão no Museu Real, previsto para ser inaugurado em 2021 no país africano.

Leões empalhados estão em museu de Chicago. O governo do Quênia pede que eles sejam retornados ao país

Estes eram os dois leões de Tsavo, na região do Quênia, no leste da África, que mataram e comeram trabalhadores que construíam uma ferrovia entre Quênia e Uganda, no final do século 19.

Foram nove meses de obras para concluir a linha que ligava Mombasa ao Lago Vitória. Os dois animais foram eventualmente mortos a tiros pelo engenheiro britânico John Patterson.

Os leões foram empalhados e comprados de Patterson pelo Museu Field de História Natural, na cidade Americana de Chicago, em 1925, e catalogados como parte da coleção permanente desse museu.

Patterson matou a tiros dois leões que haviam devorado trabalhadores que construiam uma ferrovia na África

Patterson disse, na época, que a fome desenfreada dos dois leões resultou na morte de 135 trabalhadores e africanos que moravam na região, mas o Museu Field disse que uma pesquisa posterior conduzida por cientistas reduziu drasticamente essa estimativa para 35.

O Museu Nacional do Quênia quer os animais empalhados de volta ao país africano.

A Pedra Roseta, encontrada no Egito, foi fundamental para que estudiosos conseguissem decifrar o significado dos hieroglifos

Com 1,12 metros de altura, a Pedra de Roseta, que está no Museu Britânico, em Londres, é originariamente do Egito. Trata-se de um fragmento de rocha de granodiorito. O texto encravado nela ajudou pesquisadores a compreenderam os hieroglifos do Egito Antigo- uma forma de escrita que utilizava figuras e símbolos.

A rocha contém três colunas da mesma inscrição em três idiomas: grego, hieroglifo e demótico egípcio. O texto é de um decreto escrito por clérigos em 196 a.C, durante o reinado do faraó Ptolomeu V.

Não está claro como a rocha foi descoberta em julho de 1799, mas a crença geral é de que foi encontrada por soldados que integravam o exército de Napoleão Bonaparte, quando eles ampliavam uma fortaleza perto da cidade de Rashi- também conhecida como Roseta- no Rio Delta. Quando Napoleão foi derrotado, os britânicos tomaram posse da rocha, nos termos do Tratado de Alexandria, em 1801. Ela foi, então, transportada à Inglaterra, chegando à cidade portuária de Portsmouth em fevereiro de 1802. O rei George III ofereceu a rocha ao Museu Britânico alguns meses depois.

A escultura de madeira Rainha de Bangwa, de 81 centímetros, representa o poder e a saúde do povo Bangwa, da região do Camarões.

A escultura de madeira Rainha de Bangwa, de 81 centímetros, representa o poder e a saúde do povo Bangwa, da região do Camarões.

É uma das peças de arte africana mais famosas do mundo e possui um significado sagrado para a população camaronesa.

Esculturas de esposas da realeza e princesas eram chamadas de Rainha de Bangwa no território de Bangwa, hoje Lebialem, distrito do sudoeste do Camarões.

A Rainha de Bangwa foi dada ou confiscada pelo administrador colonial alemão Gustav Conrau, em 1899, antes de o território do Camarões ser oficialmente colonizado.

A peça acabou no Museu für Völkerkunde, em Berlim, e depois foi comprada por um colecionador em 1923. De acordo com o The New York Times, o colecionador Harry A. Franklin, então, comprou a escultura em 1966 por US$ 29 mil. Depois que ele morreu, a peça foi vendida num leilão do Sotheby's, em Londres, por US$ 3,4 milhões.

O pintor surrealista Man Ray incluiu a Rainha de Bangwa numa pintura de uma modelo nua, em 1937, que acabaria se tornando uma das obras de arte mais famosas do mundo.

Atualmente, a escultura hoje pertence à Fundação Dapper, de Paris. A peça ficou exposta no Museu Dapper até 2017, quando a galeria focada em arte Africana fechou por falta de público e alto custo de manutenção. Líderes tradicionais de Bangwa tem se correspondido com a fundação para exigir o retorno da peça ao Camarões. O economista senegalês Felwine Sarr e o historiador francês Bénédicte Savoy, autores de um relatório sobre arte estrangeira requisitado pelo presidente francês Emmanuel Macron, recomendaram que a legislação francesa seja alterada para permitir o retorno da obra de arte africana ao seu país de origem.

Esta coroa é admirada pela riqueza de detalhes e as imagens religiosas esculpidas nas laterais

Os tesouros de Magdala incluem uma coroa de ouro do século 18 e um vestido de casamento tirados da Etiópia (antes Abissínia) pelo Exército britânico em 1808.

Historiadores dizem que 15 elefantes e 200 mulas foram necessárias para carregar tudo o que foi "roubado" pelos britânicos do imperador Tewodros II, de Magdala, cidade no centro da Etiópia que hoje se chama Amba Mariam.

Na época, os britânicos saquearam Magdala em protesto contra a detenção de seu cônsul, quando as relações entre o imperador e o Reino Unido se deterioraram.

Parte desses tesouros ficou no museu Victoria and Albert, em Londres.

Feito em 1860, esse traje de casamento teria pertencido à rainha Woyzaro Terunesh

A coroa e o traje de casamento são símbolos importantes da Igreja Ortodoxa Etíope. Pesquisadores acreditam que a coroa foi encomendada em 1740 pela imperatriz Mentewab e seu filho, o rei Iyyasu, e entregue como presente a uma igreja em Gondar, juntamente com um cálice de ouro.

Já o vestido de casamento pertencia à rainha Woyzaro Terunesh, esposa do imperador Tewodros II. Em 2007, a Etiópia exigiu formalmente o retorno dessas peças. Em abril deste ano, o Victoria and Albert ofereceu o retorno à Etiópia em caráter de empréstimo.

SOAPSTONE BIRDS ON PEDESTALS. ZIMBABWE

Pássaro do Zimbábue

Esculturas de pedra-sabão em formato de águia representam o emblema nacional do Zimbábue

Esculturas de pedra-sabão em formato de águia representam o emblema nacional do Zimbábue. Várias delas foram roubadas de ruínas de uma cidade antiga. Só oito pássaros esculpidos foram recuperados.

Eles ficavam nas paredes e monolitos de uma cidade construída entre os séculos 12 e 15 pelos ancestrais do povo Shona. Sete dessas esculturas estão no Zimbábue desde 2003, quando uma delas foi devolvida pela Alemanha.

A peça acabou nas mãos de um missionário alemão, que a vendeu ao Museu Etnológico de Berlim, em 1907.

Depois que tropas soviéticas invadiram a Alemanha, no final da Segunda Guerra, ela foi removida de Berlim para Leningrado (hoje São Petersburgo), na União Soviética, onde permaneceu até o final da Guerra Fria, quando retornou à Alemanha.

A oitava escultura de águia se encontra no antigo quarto do imperialista britânico do século 19 Cecil Rhodes, cuja casa na Cida do Cabo, África do Sul, foi convertida em museu.

Ele havia levado estátuas de águia do Zimbábue para a África do Sul em 1906. A África do Sul devolve quatro delas ao Zimbábue em 1981, um ano depois de o país se tornar independente.

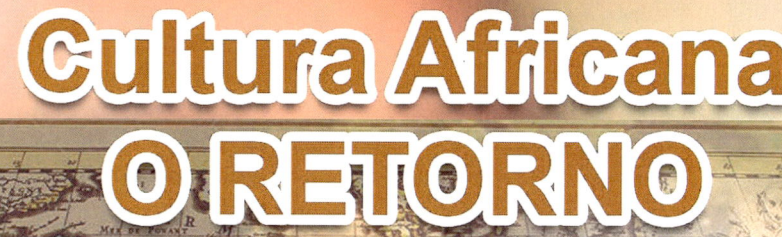

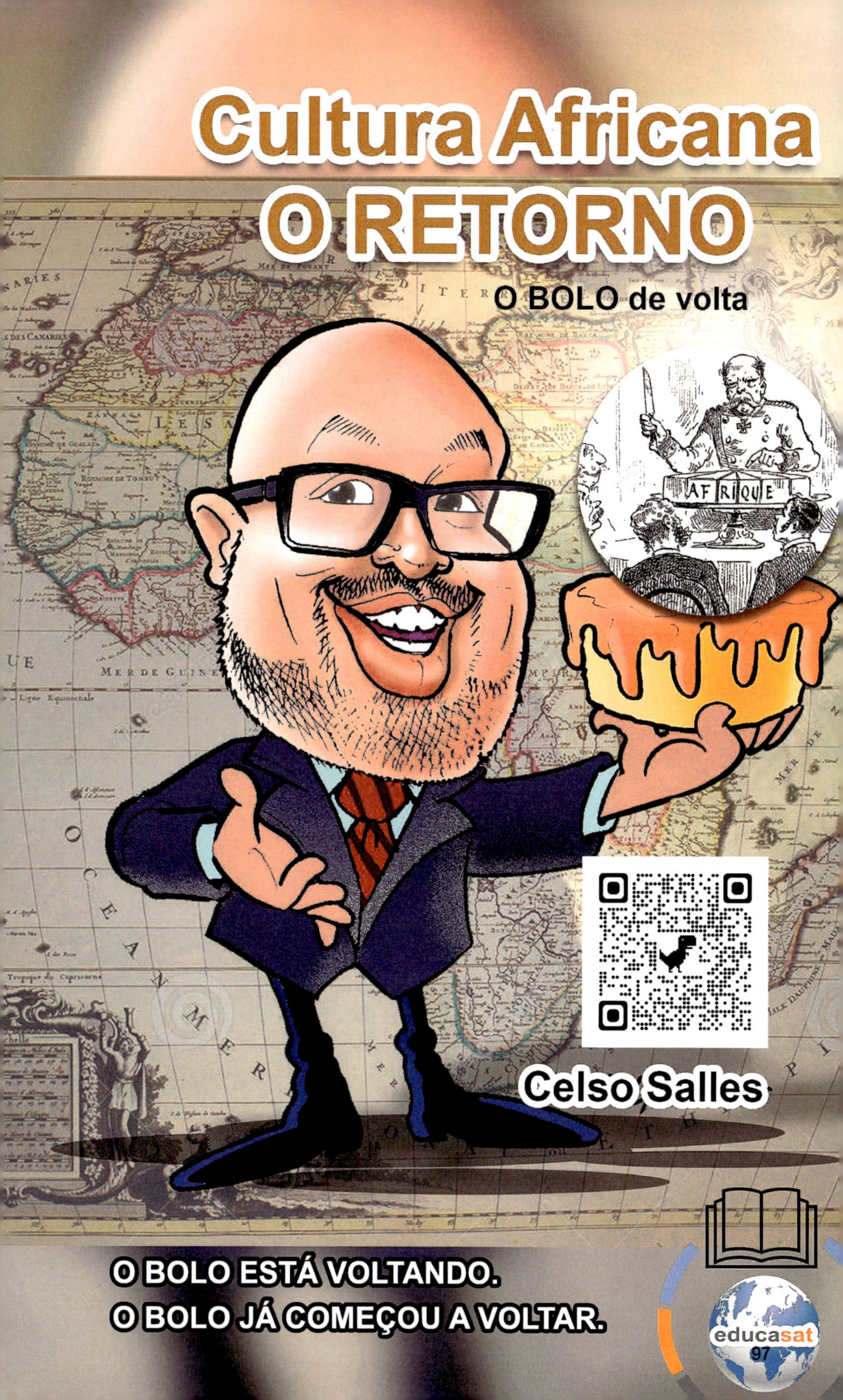
Cultura Africana
O RETORNO
O BOLO de volta
AFRIQUE
Celso Salles
O BOLO ESTÁ VOLTANDO.
O BOLO JÁ COMEÇOU A VOLTAR.
educasat
97

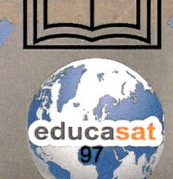

CHAPUNGU
The Great Stone Sculptors of Africa

Desde 1970, Chapungu tem se destacado na promoção da escultura em pedra do Zimbábue e estabelecendo a reputação e a carreira de muitos artistas, trazendo aclamação da crítica à forma de arte.

OS ARTISTAS AFRICANOS JÁ NASCEM COM TALENTO.

TEM MUITA OBRA DE ARTE EM ÁFRICA PARA EUROPEUS E NORTE-AMERICANOS COMPRAREM.

Fundadores Roy Guthrie e Marcey Mushore

Quando cheguei ao Zimbabwe em Outubro 2011, depois de ter pisado pela primeira vez em solo africano, em Luanda, no mês anterior, com toda minha estada patrocinada pelo Ministério do Turismo do Zimbabwe, a fim de fazer a cobertura jornalística da Feira de Turismo do Zimbabwe, chamada Sanganai Hlanganani, sabia que, mesmo que para reportar uma Feira de Turismo, não estava no Zimbabwe para fazer turismo. Se assim o fosse, eu teria que pagar minhas despesas. No ano de 2011 fiz o que pude de divulgação, dentro das condições da época. Falar do Parque Chapungu é meio que continuar pagando minha dívida com o Governo do Zimbabwe.

Como pode ler nas páginas anteriores muitos foram os erros, roubos e saques efetuados pelos tidos como "nobres" na época da colonização e pós Conferência de Berlim, que verá com maior riqueza de detalhes no livro "CULTURA AFRICANA - O RETORNO - O Bolo de Volta (Capa do Livro na Página 97).

Neste livro falo muito sobre REPARAÇÃO. Em conversa que tive em Luanda com um grande amigo alemão, falávamos sobre justamente isso. Segundo ele, esse tipo de reparação teria que ser feito pelos governos e

não pelo povo. Em meu ponto de vista, precisa ser feito por ambos. Cada um de nós, eu com o meu lado europeu, assumo essa dívida. Enquanto o meu lado Africano se organiza para cobrar a mesma dívida. Veja que lindo. Um lado meu quer pagar e o outro sabe que tem direito a receber.

Tem uma frase no Brasil que diz assim: **"Ninguém quer ser pai de filho feio."**

De forma muito simples e pragmática, ao comprar uma obra do Parque Chapungu estou fazendo a minha parte. Ao divulgar o Chapungu em livros, na internet, em filmes, vídeos, estou também fazendo a minha parte. Ao invés de negar ou de me excluir é muito mais honroso eu estudar inúmeras maneiras em que posso pagar a minha parte da dívida.

É óbvio que essa nossa geração não participou das barbáries realizadas pelos nossos antepassados. Mas já que herdamos essa monstruosidade toda, porque não pagar. Porque não devolver aquilo que nunca foi nosso. Dizer que levamos as obras africanas para protegê-las da barbárie, como dizemos no Brasil é "CONVERSA PARA BOI DORMIR".

A Coleção África se encerra no 12º Livro. Faltam 2 ainda, o livro 11 e o livro 12. Mas vai continuar com um outro nome a ser anunciado tão logo os 60 livros da Coleção estejam devidamente no mercado à disposição de alunos, professores, empresários, donos e diretores de escolas, ativistas.

Em nenhum momento e em nenhum dos livros da Coleção África me coloco como dono da verdade. Apenas exponho de forma muito direta e sem medo de ser feliz, os meus pontos de vista.

As novas gerações precisam dar continuidade a essa movimentação iniciada, dentro de uma luz de paz e entendimento. O julgamento já foi feito e os culpados precisam se juntar aos martirizados, darem as mãos e juntos mudarem a ordem das coisas.

Uma humanidade moderna não pode ir muito mais além com verdadeiros oceanos de desigualdades. Diminuí-las ao ponto de atingirmos a sua completa extinção é um sonho iniciado que precisa ser continuado.

Quando alguns leitores próximos me perguntam se eu não tenho medo de escrever o que escrevo e da forma com que escrevo, eu lhes respondo, MUITO PELO CONTRÁRIO, TENHO VERDADEIRA PAZ DE ESPÍRITO E SENSAÇÃO DO DEVER CUMPRIDO.

102

UM GRANDE RESPEITO À ÁFRICA.
UM RESPEITO AINDA MAIOR AO POVO AFRICANO.

Esse tem que ser o nosso ponto de partida. O que vemos e de forma muito clara é que viramos ESCRAVOS DO DINHEIRO. ESCRAVOS DO CAPITAL FINANCEIRO. E para ter esse maldito dinheiro em quantidade muito maior do que eu e minas gerações futuras irão precisar, vale absolutamente tudo. A verdade é que não vale não.

Antecipar a materialização da AGENDA 2063 da Africa Union tinha que ser prioridade INTERNACIONAL.

Se não atrapalharmos, já estaremos ajudando e muito.

Eu posso ser um legítimo afro-descendente, mas se minha vida for, ocupar uma das mansões de Beverly Hills e fazer de conta que o mundo é um oásis total, não posso jamais me considerar um africano, enquanto milhões morrem de fome e de doenças provocadas pela fome em um só ano.

ARTE AFRICANA
O ESPELHO QUE REFLETE A ALMA DE UM POVO!

MOTIVAÇÃO ESTUDANTIL
E A EXCELÊNCIA UNIVERSITÁRIA

Flávio Januário

O IMPORTANTE CAPITAL HUMANO AFRICANO.

Todas as vezes que conseguirmos nos multiplicar é porque estamos no caminho certo. Quando fomos procurados pelo autor angolano Flávio Januário para darmos uma visibilidade internacional em sua obra, foi para nós da Editora Educasat World

uma alegria sem tamanho. É um autor genuinamente africano, nascido em Angola, que venceu inúmeros desafios para chegar onde já chegou. Quem tiver a oportunidade de adquirir e ler esta obra do escritor angolano Flávio Januário vai conseguir visualizar toda uma série muito grande de c o n h e c i m e n t o s transmitidos à partir de África para africanos e povos de todo o mundo. Atrás de Flávio virão outros e outros e outros... Com essa multiplicação conseguiremos amplificar as VOZES DE ÁFRICA, meio que dando sequência ao título deste livro "E SE A ÁFRICA PUDESSE FALAR." São inúmeras as possibilidades de amplificação das vozes de África. No entanto, precisa que nós africanos e afro-descendentes iniciemos esse grande e árduo trabalho. Horas e horas de sono precisam ser substituídas por horas e horas de trabalhos. Além deste livro, o professor e escritor Flávio Januário realizou um trabalho muito forte:

TEMA: Descrição e Análise.
à governação democrática em África
"Caso Específico República de Ruanda"

Nas próximas páginas vamos colocar trechos do Trabalho do Professor e escritor angolano Flávio Januário, que poderia chamar "DEMOCRACIA REFLEXIVA."

CARACTERIZAÇÃO GERAL DO PAÍS

A geografia política de Ruanda, está intimamente ligada com o modelo de democracia utilizado naquela região. Assim, a par do seu governo, Ruanda apresenta características das democracias Maioritárias, pelas particularidades que o governo apresenta:

• Poder executivo concentrado num só partido e de maioria escassa;
• Predomínio do executivo;
• Sistema de partidos bipartidário;
• Sistema eleitoral maioritário;
• Pluralismo de grupos de interesses;
• Governo unitário;
• Banco central controlado pelo executivo;
• Flexibilidade constitucional.

O presidente de Ruanda é o chefe de estado e tem amplos poderes, incluindo a criação de políticas públicas em conjunto com o gabinete ministerial, a prerrogativa de misericórdia, o comando das forças armadas, a negociação e ratificação de tratados, após a sua conclusão assinatura de ordens presidenciais, e ainda pode declarar guerra ou estado de emergência. O presidente é eleito por voto popular a cada sete anos, e nomeia o primeiro-ministro e todos os outros membros do gabinete. O atual presidente é Paul Kagame, que assumiu o cargo após a renúncia de seu antecessor, Pasteur Bizimungu, em 2000. Kagame, posteriormente, ganhou as eleições em 2003 e 2010, embora organizações de direitos humanos tenham criticado estas eleições como sendo "marcadas pela crescente repressão política e restrição à liberdade de expressão".

A atual constituição foi adotada na sequência de um referendo nacional em 2003, substituindo a constituição de transição que já estava em vigor desde 1994. A constituição determina um sistema multi-partidário de governo, com políticas baseadas na democracia e escolha dos representantes através de eleições. No entanto, a constituição coloca condições sobre a forma como os partidos políticos podem operar. O artigo 54 afirma que "organizações políticas estão proibidas quando baseadas na raça, etnia, tribo, clã, região, sexo, religião ou qualquer outra divisão que pode dar origem a qualquer discriminação". O governo também aprovou leis criminalizando a ideologia genocida, que inclui manifestações de intimidação, discursos difamatórios, negação do genocídio e ridicularização das vítimas. Segundo a Human Rights Watch, essas leis efetivamente fazem Ruanda um estado de partido único, "sob o pretexto de prevenir um outro genocídio, o governo exibe uma intolerância acentuada das formas mais básicas de dissidência". A Anistia Internacional também é crítica, dizendo que as leis de ideologia de genocídio têm sido usados para impor o silêncio, calando críticas às decisões do partido RPF e pedidos de justiça para crimes de guerra cometidos por tal grupo.

O Parlamento consiste de duas câmaras. Ele faz as leis e está habilitado pela constituição a fiscalizar as atividades do presidente e de seu gabinete. A câmara baixa é a Câmara dos Deputados, com oitenta membros que cumprem mandatos de cinco anos. Vinte e quatro destes assentos são reservados para as mulheres, eleitas através de uma assembleia conjunta de funcionários do governo local; outros três assentos são reservados para os membros jovens e pessoas com deficiência, os outros 53 são eleitos por sufrágio universal sob um sistema de representação proporcional. Após a eleição de 2008, há 45 deputadas, tornando Ruanda o único país com uma maioria feminina no parlamento nacional. A câmara superior é o Senado, com 26 cadeiras. Seus membros são selecionados por uma variedade de corpos, e têm mandato de oito anos. A quantidade mínima obrigatória de senadoras é de 30%.

O sistema legal de Ruanda é amplamente baseado nos sistemas de direito civil alemão e belga, e no direito consuetudinário. O judiciário é independente do poder executivo, embora o presidente e o senado estejam envolvidos na nomeação de juízes da Suprema Corte. O Human Rights Watch elogiou o governo de Ruanda pelo progresso feito na entrega da justiça, incluindo a abolição da pena de morte, mas também apontam interferência no sistema judicial por membros do governo, tais como a nomeação de juízes politicamente motivados, uso indevido da promotoria, poder e pressão sobre os juízes para tomar decisões particulares. A Constituição prevê dois tipos de tribunais: comuns e especializados. Tribunais comuns são o Supremo Tribunal Federal, o Tribunal Superior, e os tribunais regionais, enquanto os tribunais especializados são os tribunais militares e tribunais tradicionais Gacaca, que foram reavivadas para agilizar os julgamentos dos suspeitos de genocídio.

Ruanda tem níveis de corrupção baixos em relação à maioria dos outros países africanos. Em 2010, a Transparência Internacional classificou Ruanda como o oitavo mais limpo dentre 47 países na África subsaariana e o 66° com menos corrupção dentre 178 nações em todo o planeta. A Constituição prevê um Provedor de Justiça, cujas funções incluem a prevenção e combate da corrupção. Funcionários públicos (incluindo o Presidente) são exigidos pela Constituição para declarar a sua riqueza ao Provedor de Justiça e para o público, aqueles que não cumprem são suspensos do cargo.

A Frente Patriótica Ruandesa (FPR) é o partido político dominante no país desde

1994. A FPR tem mantido o controle da presidência e do Parlamento nas eleições nacionais, com o percentual de votos para o partido na faixa de 70% do total. A FPR é vista como um partido dominado pelos tutsis, mas recebe apoio de todo o país, e é creditado com a garantia de continuação da paz, estabilidade e crescimento econômico. Organizações de direitos humanos, incluindo a Anistia Internacional e a Freedom House, afirmam que o governo suprime as liberdades dos grupos de oposição ao restringir candidaturas nas eleições para partidos alinhados com a situação, demonstrações de supressão, e prendendo os líderes da oposição e jornalistas.

Ruanda é membro das Nações Unidas, União Africana, Francofonia, da Comunidade do Leste Africano, e da Comunidade das Nações. Por muitos anos durante o regime Habyarimana, o país mantinha laços estreitos com a França, bem como a Bélgica, antiga potência colonial. Sob o governo da Frente Patriótica Ruandesa, no entanto, o país tem procurado estreitar laços com as nações vizinhas da África Oriental e com o mundo anglófono. As relações diplomáticas com a França foram suspensas entre 2006 e 2010, após o indiciamento de autoridades ruandesas por um juiz francês. As relações com a República Democrática do Congo (RDC) ficaram tensas após o envolvimento de Ruanda, na Primeira e Segunda Guerras do Congo, o exército congolês alegou ataques ruandeses em suas tropas, enquanto Ruanda acusou o governo congolês por não reprimir rebeldes hutus nas províncias do Norte e Kivu do Sul. A relação de Ruanda com Uganda também ficou tensa durante boa parte da década de 2000 na sequência de um embate de 1999 entre os exércitos dos dois países como eles recuaram opondo grupos rebeldes na Segunda Guerra do Congo. A partir de 2012, as relações com Uganda e República Democrática do Congo estão melhoradas.

INDEPENDÊNCIA DA REPÚBLICA DE RUANDA

Bruxelas concedeu autonomia interna a Ruanda, aboliu a monarquia tutsi e formou um governo de transição chefiado pelo líder do Parmehutu, Grégoire Kayibanda. Sob clima de guerra civil, foram realizadas eleições, as quais optaram pela República, em 1961. A Assembleia Geral da ONU, por sua vez, marcou a data da independência da República Democrática de Ruanda para o dia 1º de julho de 1962, insistindo na necessidade de um governo pluriétnico. O pedido foi atendido, mas o recém-independente país africano viveu, a partir dos anos 1960, um dos maiores genocídios do século 20.

Contrariamente aos seus vizinhos, Ruanda, era um reino centralizado, seu território foi oficialmente decidido na Conferência de Berlim (de 1885) e só foi entregue ao Império Alemão (juntamente com o vizinho Burundi) em 1890, numa conferência em

Bruxelas, em troca de Uganda e da ilha de Heligolândia. No entanto, as fronteiras desta colônia – que, na altura incluíam também alguns pequenos reinos das margens do Lago Vitória – só foram definidas em 1900.

Depois da derrota da Alemanha na Primeira Guerra Mundial, a propriedade foi entregue à Bélgica, por mandato da Liga das Nações. O domínio belga foi direto e duro como o dos alemães e, utilizando a Igreja Católica, manipulou a classe alta dos tutsi para integrar o resto da população - na sua maioria hutus e demais tútsis - incluindo a cobrança de impostos e o trabalho forçado, que já eram quesitos adotados pela Alemanha e contribuindo para um grande fosso social que já existia.

Depois da Segunda Guerra Mundial Ruanda tornou-se novamente um protetorado das Nações Unidas, tendo a Bélgica como autoridade administrativa. Através de uma série de processos, incluindo várias reformas, o assassinato do rei Mutara III Charles, em 1959 e a fuga do último monarca do clã Nyiginya, o rei Kigeri V, para Uganda, os hutus ganharam mais poder e, na altura da independência, em 1962, os hutus eram os políticos dominantes. Em 25 de setembro de 1960 a ONU organizou um referendo no qual os ruandeses decidiram tornar-se uma república. Depois das primeiras eleições, foi declarada a República de Ruanda, com Grégoire Kayibanda como primeiro-ministro.

Após vários anos de instabilidade, em que o governo tomou várias medidas de repressão contra os tutsis, em 5 de Julho de 1973, o major general Juvénal Habyarimana, que era ministro da defesa, destituiu o seu primo Grégoire Kayibanda, dissolveu a Assembleia Nacional e aboliu todas as atividades políticas. Em Dezembro de 1978 foram organizadas eleições, nas quais foi aprovada uma nova constituição e confirmado Habyarimana como presidente, que foi reeleito em 1983 e em 1988, como candidato único, em resposta a pressões públicas por reformas políticas, Habyarimana anunciou em Julho de 1990 a intenção de transformar o Ruanda numa democracia multipartidária.

No entanto, nesse mesmo ano, uma série de problemas climáticos e econômicos geraram conflitos internos e a Frente Patriótica Ruandesa (RPF), dominada por tutsis refugiados nos países vizinhos, lançou ataques militares contra o governo hutu, a partir de Uganda. O governo militar de Juvénal Habyarimana respondeu com programas genocidas contra os tutsis. Em 1992 foi assinado um cessar-fogo entre o governo e a RPF em Arusha, Tanzânia.

Em 6 de Abril de 1994, Juvénal Habyarimana e Cyprien Ntaryamira, o presidente do Burundi, foram assassinados quando o seu avião foi atingido por fogo quando aterrissou em Kigali. Durante os três meses seguintes, os militares e milicianos ligados ao antigo regime mataram cerca de 800 000 tútsis e hutus oposicionistas, naquilo que ficou conhecido como o Genocídio de Ruanda. Entretanto, a RPF, sob a direção de Paul Kagame, ocupou várias partes do país e, em 4 de Julho entrou na capital Kigali, enquanto tropas francesas de manutenção da paz ocupavam o sudoeste, durante a "Opération Turquoise". Ainda trabalha-se para julgar os culpados pelo massacre de Ruanda. Até 2001, três mil foram julgados e quinhentos deles receberam penas máximas.

Com a morte de Juvénal Habyarimana, Pasteur Bizimungu ficou como presidente e Paul Kagame como vice, porém no ano 2000 os dois homens fortes entraram em conflito. Bizimungu renunciou à presidência e Kagame ficou como presidente. Em 2003, Kagame foi finalmente eleito para o cargo, no que foram consideradas as primeiras eleições democráticas depois do genocídio. Entretanto, cerca de 2 milhões de hutus refugiaram-se na República Democrática do Congo, com medo de retaliação pelos tutsis. Muitos regressaram, mas conservam-se ali milícias que têm estado envolvidas na guerra civil daquele país.

Dois filmes ajudam a entender a amplitude do conflito e a interferência internacional durante a formação, o decorrer e o fim do Genocídio, o primeiro é "Hotel Ruanda", que conta a história de um hoteleiro chamado Paul Rusesabagina, que enfrenta a difícil tarefa de defender sua família e amigos tútsis, da repressão hutu, e acaba por abrigar diversos refugiados, em miséria e pavor, em seu hotel antes destinado aos turistas e missionários na região. A história é baseada em acontecimentos reais. O segundo filme, "Aperte as mãos do diabo", é uma adaptação da autobiografia do general Romeo Dallaire, comandante das forças canadenses e da missão de paz em Ruanda. O filme conta a jornada de Dallaire no genocídio de 1994 em Ruanda, e de como seu pedido de mais ajuda à Organização das Nações Unidas foi ignorado. Uma curiosidade é que ambos os filmes destacam a tentativa estadunidense, apoiada pelos britânicos, de impedir a veiculação do termo genocídio, o qual obrigaria uma intervenção internacional com a participação tanto dos EUA, quanto do Reino Unido. No dia 29 de novembro de 2009, Ruanda foi admitida como a 54.ª nação-membro da Comunidade das Nações, sendo a segunda sem ligações históricas com o Reino Unido a ingressar no grupo.

GOVERNAÇÃO DE RUANDA

Portanto, como falar de democracia quando a maioria da população estava excluída dos direitos políticos? Pois, as mulheres, os metecos, os escravos não eram considerados cidadãos e como tal não tinham direito algum. Para a nossa sensibilidade contemporânea, a exclusão de um número tão elevado de pessoas é incompatível como qualificativo "democrático". Mas também não é menos certo que visto com os seus olhos, para os gregos, os sistemas pelos quais nós governamos embora parte do mundo atual, a qual chamamos "democracia liberal" seria qualquer coisa menos uma democracia, estando mais próxima a poliarquia de Robert Dahl. Porém, os gregos não entenderam que denominamos "democracia" a um sistema *em que a maior implicação do cidadão com a sua "polis" acontece a cada 4 ou 5 anos em eleições a representantes. As razões dessa dissonância tem que ver obviamente com a enorme distância temporal que nos separa, mas também às características peculiares da democracia ateniense. Assim, tal como as características reais que a democracia apresenta, é importante recomendar que Ruanda procure adaptar-se às novas formas de pensamento globalizado perante uma democracia mais acentuada e sobretudo clara e objectiva as necessidades e satisfação dos anseios do povo e como se não bastasse na correlação estratégica da comunidade internacional.*

Vale reconhecer que além da geopolítica interna, Ruanda apresenta uma característica muito própria e por sua vez tem expandido a uma dimensão brutal a sua dinâmica comercial e económica e que por sua vez tende a expandir a condição social em bom sentido as estratégias de governo de Paul Kagame. Assim, é fundamental que no âmbito do processo de globalização, Ruanda, tem demonstrado ser um país óptimo e com uma visão mais certeira e sobretudo com ideias pragmáticas. Isso é que tem levado a comercialização e venda diplomática em questões democráticas da situação que Ruanda apresenta ser e estar diante do mundo comercial, mas que é fortemente criticada diante dos países mais adultos e dos eruditos reais da democracia.

Portanto, é imperioso afirmar que a cultura política desenvolvida pelo governo Ruandês tem legitimidade pelo facto do seu governo ter uma aceitação meramente política pois embora ser ela ditatorial, porém deve o governo aceitar o estabelecimento de indicadores que poderão elevar um grande índice de desenvolvimento político e democrático tal como Dahl estabelece os indicadores para que a Democracia seja factível:

• Liberdade de associação;
• Liberdade de expressão;
• Liberdade de voto (sufrágio universal);
• Liberdade para competir em busca de apoio(líderes políticos);
• Diversidade de fontes de informação;
• Elegibilidade para a coisa pública;
• Eleições livres, correctas e periódicas;
• Instituições que garantam que a política do governo depende dos votos e demais formas de expressar as preferências.

Para Ruanda, estes princípios estão muito associados ao facto do sistema político e do regime estabelecido pelo seu governo. Todavia, é interessante que de forma gradual comece dar passos significativos para a mudança social por via de uma democracia acentuada e que venham a favorecer os povos.

Para tal, hoje Ruanda tem uma aceitação mais profunda pelo seu desenvolvimento económico, intelectual e a dimensão do seu desenvolvimento tecnológico que cresce dia apos dia a nível do cenário económico e mundial e isso faz com que este país consegue se manter nos níveis de boa governação, não descurando da condição democrática que vimos a afirmar constantemente de que tem e merece fazer um reenquadramento profundo face ao enquadramento cultural do seu impacto histórico do genocídio.

Assim, é importante afirmar que Ruanda é um dos poucos países de África com um impacto de grande vantagem competitiva face o índice de transparência que o governo de Paul Kagame implantou, principalmente no que tange a um combate acelerado da corrupção.

Todavia, tal como afirmamos anteriormente, é importante recordar que "mais de 40 anos depois da vaga de independências de 1960, não podemos continuar a atribuir a responsabilidade exclusiva das nossas desgraças ao colonialismo ou ao neocolonialismo das grandes potências, aos brancos, aos comerciantes estrangeiros e não sei quem mais. Temos de aceitar, de uma vez por todas, que somos nós os principais culpados. O resvalar para a violência, o laxismo na gestão do bem público, o roubo em grande escala, o não saber aceitar diferenças entre etnias e regiões, tudo isto tem causas principalmente endógenas. Admiti-lo seria o começo da tomada de consciência e, portanto, da sabedoria" Jean-Paul Ngoupande (ex-primeiro-ministro da RCA).

No livro 09 da Coleção África "ENQUANTO DANÇAMOS CULTURALMENTE" fizemos a dedicatória do livro à GESTÃO DE RUANDA. Este mesmo trabalho muito bem elaborado pelo professor e escritor Flávio Januário foi colocado um link no livro 9, assim como nesse na página 110 para que alunos em África e no mundo todo possam ter uma maior e melhor apreciação das dificuldades vividas e vencidas em Ruanda, ao efetuarem suas análises e conjecturas.

O estudo é muito bem vindo e ele é uma das principais vozes de África. São complicativos de várias vias que não podem ser ignorados quando se pensa em uma democracia única para todo o mundo.

Eu, em particular gosto dos números obtidos pela GESTÃO RUANDA, o que me faz estudar cada vez mais para ter a máxima sensibilidade à direção de seus governantes.

FINALIZANDO

Nestas duas páginas finais quero deixar aqui os meus sinceros agradecimentos a todos os conhecidos e desconhecidos, que participaram direta ou indiretamente de mais este conteúdo. Quando o assunto é a VOZ DA ÁFRICA, estamos diante de um grande desafio. Em nosso presente não temos como ignorar o passado tão difícil e todo o sofrimento imputado à raça negra em África e no restante do mundo. O futuro, no entanto, depende de nossos esforços e capacidade de trabalharmos em grupo.

Acredito que não temos outro caminho, que não este: INFORMAÇÃO E FORMAÇÃO. Se nos deixaram limões azedos, temos que fazer deliciosas limonadas.

Precisamos trabalhar arduamente para que a cada nova geração as condições de vida melhorem substancialmente em África e em toda a diáspora africana.

Pelo conhecimento que tenho da vida fora do continente africano e desde 2011 também no continente africano, posso dizer categoricamente que África e Diáspora Africana se completam. Quem chega no território africano como professor, logo vê que muito tem a aprender com os nativos.

Por outro lado, os nativos precisam estar preparados para beberem os conhecimentos dos que aqui em África estão. Imitá-los em tudo o que for bom. Exatamente porque o sucesso nunca vem sem muito esforço. Do céu só cai chuva e trovoada.

O povo negro não tem absolutamente nada de inferior a nenhum outro povo no planeta. Temos grandes e brilhantes mentes que já iniciaram um árduo trabalho de construção desta NOVA ÁFRICA.

A minha responsabilidade como escritor é imensa, razão pela qual estou sempre a pesquisar em variadas fontes e a me interagir com os mais velhos que são verdadeiras bibliotecas do saber.

Todos os meios possíveis de transmitir as boas informações devem ser utilizados incansavelmente. Os mais novos precisam da experiência dos mais velhos e os mais velhos da força e do entusiasmo dos mais novos.

Lightning Source UK Ltd.
Milton Keynes UK
UKRC010957010921
389744UK00013B/100/J

9 781006 598166